# Infiltrados en Amazon y Starbucks

## Cómo montar un sindicato con todo en contra

Jaime Caro Morente

Primera edición en español, marzo de 2026

Calle Alcalá, 42
28014 Madrid

Colección Ensayo
Diseño de colección: Alejandro Cerezo
Diseño de cubierta: Ana Nuño
Maquetación: Elena Iglesias Serna
Corrección: María José L. Muñoz

Impreso en España por Kadmos

www.lenguadetrapo.com
www.circulobellasartes.com

ISBN: 978-84-8381-316-4
Depósito Legal: M-6718-2026

# Infiltrados en Amazon y Starbucks
Cómo montar un sindicato
con todo en contra

Jaime Caro Morente

*La libertad se construye desde el sindicalismo*

# Índice

1. En una remota cafetería de Búfalo ........ 9

2. Lecciones de un intento fallido ........ 13

3. Llegó la hora de los *wokes* y los «esenciales» ........ 25

4. Las tres victorias del Nuevo Sindicalismo: Starbucks, Amazon y la industria del videojuego ........ 35

5. El sindicalismo tradicional reacciona ........ 69

6. Los trabajadores del motor contra las *big three* ........ 81

# 1. En una remota cafetería de Búfalo

A las nueve de la noche de un día de finales de 2021, cuando el último cliente cierra la puerta y el olor a *espresso* flota en el aire, alguien baja las persianas del Starbucks de Elmwood Avenue, en Búfalo, Nueva York. Los baristas —todos jóvenes, todos cansados de sobrevivir a trabajos que no dan para vivir— apagan las máquinas, bajan el volumen del hilo musical y se sientan alrededor de una mesa pegajosa. Les tiemblan las manos, no por la cafeína, sino por lo que están a punto de hacer. Llevan tiempo organizando sus reuniones en secreto, hablando en clave e intercambiando mensajes en chats cifrados.

Esa noche, sin saberlo, empujan la primera ficha de un dominó que llevaba décadas inmóvil. Tras años de retrocesos laborales y hegemonía neoliberal, Estados Unidos asiste al surgimiento de algo inesperado: un renacer sindical impulsado por jóvenes marcados por la precariedad, las redes digitales y la diversidad de sus propias luchas. La pregunta es inevitable: ¿cómo puede una historia tan pequeña explicar un cambio tan grande?

La respuesta se encuentra en la pequeña cafetería de Starbucks en Búfalo, donde ese grupo de trabajadores jóvenes —algunos recién graduados, otros endeudados, todos exhaustos— se han reunido en secreto. Además de hablar en clave y usar chats cifrados, han aprendido a esconder sus reuniones bajo el pretexto de preparar el inventario. Planean desafiar a una de las corporaciones más poderosas del país.

Ese pequeño acto de desobediencia fue el primer síntoma de un cambio profundo en el país, donde se vive un renacer del sindicalismo —la tasa de aprobación de los sindicatos es la más alta desde finales de los años setenta— sustentado en nuevas bases: los jóvenes que han crecido en la precariedad, conectados a través de las redes y profundamente atravesados por la diversidad social, el feminismo y las luchas antirracistas. Según una encuesta de yougov.com[1], la mayoría de los jóvenes estadounidenses piensan que un sistema socialista democrático dirigido por los trabajadores funcionaría mejor que el actual sistema capitalista. No se trata solo de una opinión, es una generación que ha decidido organizarse.

Este cambio tan radical ha sido posible por la combinación explosiva de la crisis económica, sanitaria y cultural surgida a raíz de la pandemia del covid-19, que redefinió la percepción colectiva sobre el valor del trabajo y expuso la vulnerabilidad extrema en la que se encontraban millones de «trabajadores esenciales». La crisis agudizó una contradicción ya latente: mientras el sistema calificaba a estos trabajadores de «héroes», sus condiciones laborales seguían siendo profundamente precarias. Además, los movimientos antirracistas, feministas y del colectivo LGBTIQ+ han politizado a millones de jóvenes que ya no se conforman con vivir la vida que les impone el capitalismo. Frente a ello, han decidido arriesgarse e infiltrarse en empresas todopoderosas para fundar sindicatos. Después de años de rearme ideológico y de renovación de sus tácticas y estrategias, los sindicalistas estadounidenses han sabido leer el contexto de crisis que siguió al año 2020 e interpretarlo a su favor. En el país que Trump gobierna con mano de hierro, se ha levantado un movimiento sindical que ahora mismo es la primera línea de defensa contra una oligarquía de multimillonarios que está resucitando la guerra de clases. Los jóvenes organizados les están diciendo a Elon Musk y a Jeff Bezos que van a sindicalizar sus empresas y que su objetivo último es que sean los trabajadores quienes las dirijan.

Este libro quiere explicar cómo el Nuevo Sindicalismo ha transformado la cultura laboral estadounidense y qué se está gestando frente a la oligarquía reaccionaria. La intención es dar respuesta a cuestiones como por qué un manual con un título tan poco sexy como *Secrets of A Successful Organizer* (Labor Notes, 2016) ha renovado los horizontes del movimiento sindical, qué llevó a unos

1 Se puede consultar en: today.yougov.com/politics/articles/12313-one-third-millennials-like-socialism

trabajadores a montar por Zoom un taller sobre cómo sindicalizarse o cuál es la historia de los dos jóvenes que revolucionaron el almacén de Amazon JFK8, en Staten Island. Viajaremos a la Game Developers Conference de San Francisco, donde la ponencia de un reputado sindicalista empezó a remover los cimientos de la industria de los videojuegos. Analizaremos la trayectoria y profunda renovación de dos de los principales sindicatos y nos detendremos en uno de ellos, el United Auto Workers, que ha pasado de asumir dócilmente los peores recortes salariales en décadas a liderar la mayor campaña de sindicalización de la industria del motor en la historia del país.

Vista en perspectiva, aquella primera victoria de Búfalo, impulsada por jóvenes activistas politizados en movimientos como Black Lives Matter o la lucha del colectivo LGBTIQ+, no solo marcó un hito histórico, sino que sirvió como catalizador para un movimiento mucho más amplio, que ha impactado en sectores muy diversos y les ha ganado el pulso a algunos de los empresarios más poderosos del planeta y ferozmente antisindicalistas.

Estas páginas aspiran a comprender cómo se han combinado condiciones materiales, discursos políticos y tácticas innovadoras para revitalizar la lucha colectiva en el corazón del capitalismo contemporáneo. Y quieren ofrecer un análisis que inspire nuevas estrategias y ofrezca aprendizajes valiosos para un contexto como el español, que presenta similitudes y diferencias con el de Estados Unidos.

Bienvenidos a una historia de resistencia, creatividad y esperanza. Bienvenidos al Nuevo Sindicalismo estadounidense.

## 2. Lecciones de un intento fallido

«He pasado once años, tres meses y veintidós días como una participante silenciosa en mi puesto de empleada. En poco más de veinticuatro horas, trabajaré para el primer Starbucks sindicalizado en Estados Unidos». La barista Michelle Eisen anunciaba así, el 9 de diciembre de 2021, varias semanas después de aquella reunión secreta en el Starbucks de Elmwood Avenue, en Búfalo, que habían ganado la votación. «Y finalmente tendré voz», añadió. Las diecinueve baristas que votaron a favor —frente a ocho que optaron por alinearse con la compañía— abrían una brecha importante en un país que llevaba décadas sufriendo retrocesos laborales. Este hecho tuvo tanta repercusión que acabó convirtiendo el recién fundado sindicato Starbucks Workers United en la punta de lanza del sindicalismo estadounidense, con más de cincuenta mil trabajadores afiliados. La fotografía que inmortalizó el momento de celebración muestra el perfil de los integrantes del Nuevo Sindicalismo: jóvenes con el puño en alto, con tatuajes de la hoz y el martillo, escoltados por las banderas LGBTIQ+ del arcoíris y del Black Lives Matter. Es decir, jóvenes que se habían politizado en las luchas por la diversidad, que pertenecían a esa «izquierda *woke*» tan estigmatizada por la *alt-right* estadounidense[2].

En esa foto «se coló» un hombre bastante mayor que el resto, calvo, con camisa azul claro y al que la mascarilla le tapaba el bigote. Se trataba de Richard Bensinger, un sindicalista y teórico que había estudiado nuevas formas de lograr los objetivos de siempre y que pertenecía a la central sindical estadounidense por excelencia: la American Federation of Labor (AFL-CIO). Descontento con la cúpula y con lo poco que había cambiado el sindicato a lo largo de

2 La llamada *alt-right* es un movimiento político de extrema derecha, surgido en la década de 2010, caracterizado por su nacionalismo identitario, rechazo al liberalismo tradicional y uso activo de foros y redes digitales para difundir sus ideas.

la década de 1990, Bensinger decidió especializarse en la extensión de la organización, es decir, en cómo hacerla crecer en militancia, trabajo al que dedicó veinte años. En 2021 consideró que había llegado el momento idóneo para poner a prueba sus tácticas en un sector que, debido a su precariedad y las altas tasas de rotación en la plantilla, era prácticamente impenetrable. Bensinger trabajó durante varios meses con seis baristas de distintos Starbucks de Búfalo, formándolas para que trasladaran a sus centros todo lo aprendido en materia de nuevos liderazgos. Esa era la mejor estrategia: que fuesen los trabajadores quienes iniciasen el proceso de sindicalización desde dentro, en lugar de la vía clásica, consistente en que una persona intentase sindicalizar el centro de trabajo desde fuera. Al fin y al cabo, los trabajadores, que se jugaban el puesto en el proceso, confiarían más en alguien que corre los mismos riesgos que ellos que en una persona externa que solo anima a los demás sin jugarse su medio de vida.

Para entender el triunfo inédito alcanzado en 2021 por los trabajadores de Starbucks —sindicalizar una de las compañías más impermeables a la organización laboral—, hay que remontarse a experiencias anteriores que, aunque no alcanzaron su objetivo, dejaron aprendizajes valiosos. En 2010, Daniel Gross, militante de los Industrial Workers of the World (IWW), había intentado sindicalizar dos Starbucks en Nueva York y Búfalo. Aquella campaña fracasó, pero se publicó un libro sobre el proceso —*Solidarity Unionism at Starbucks* (2011)—, escrito por Gross y Staughton Lynd, y distintos materiales de agitación que circularon entre las nuevas generaciones de trabajadores. Al mismo tiempo, la organización Labor Notes llevaba décadas desarrollando una «escuela de agitadores», un espacio de formación donde sindicalistas de todo el país aprendían tácticas de organización y nuevos estilos de liderazgo.

Fue Richard Bensinger quien, en sus talleres con los baristas de Búfalo, unió esos dos legados a su experiencia en la industria del motor. Al sumar la radicalidad de los afiliados a los IWW y el método pedagógico de Labor Notes, condensado en el ya citado manual *Secrets of A Successful Organizer*, transmitió una idea decisiva: la sindicalización solo podía prosperar si los trabajadores asumían el liderazgo del proceso dentro de sus centros de trabajo y daban a sus compañeras las herramientas para hacer un sindicato.

***

La trayectoria del movimiento obrero estadounidense es tan extensa como la del europeo, aunque su desarrollo estuvo condicionado por factores característicos del país: un capitalismo de gran escala muy agresivo, una composición social extraordinariamente diversa y un marco político que no permitió dar vida a partidos obreros de masas. A ello se sumó la influencia duradera de la cultura política republicano-demócrata, la narrativa fundacional que, desde Jefferson y Madison, situó la libertad —no la igualdad— en el centro de la vida política y que entendía la autonomía material como condición imprescindible para no depender de otros. Esa cultura es la matriz de significados en la que se forman los sujetos políticos estadounidenses.

En ausencia de tradiciones socialdemócratas o socialistas arraigadas, los sindicatos elaboraron su propio repertorio político: reinterpretaron la idea jeffersoniana de «propiedad para ser libres» como propiedad colectiva de «los medios de vida» y desconfiaron tanto del Estado como de la mediación partidista. Esto los llevó a desarrollar formas organizativas y pruebas internas de cohesión poco comunes en Europa, en un intento de blindarse ante la cooptación institucional y de sostener un sindicalismo capaz de operar en una cultura que celebraba el individualismo, pero que, paradójicamente, ofrecía un lenguaje de libertad que los propios trabajadores resignificaron.

Por la forma en la que se ha desarrollado la lucha de clases en Estados Unidos, con periodos muy intensos, incluso cuasi revolucionarios, seguidos de otros de muerte clínica o de fuerte represión, el Estado ha tenido una larga tradición antisindical en el país, que se ha traducido en una represión brutal y latente y en la promulgación de leyes claramente antisindicales que dificultaban tanto la creación de nuevos sindicatos como su labor de defensa de la clase trabajadora.

De ahí que, a pesar de que el movimiento obrero estadounidense fuera más rico y diverso en sus formas y tácticas que el europeo, a partir del fin de la Segunda Guerra Mundial sufriera una fuerte represión y perdiera aún más terreno durante la ofensiva neoliberal de los años ochenta. Actualmente, la tasa de sindicalización estadounidense es una de las más bajas del mundo occidental: tan solo el 10% de la masa trabajadora está afiliada o se encuentra bajo el paraguas de algún sindicato.

Debido a esta tradición represiva, el movimiento obrero se vio obligado a ser muy creativo. Un sindicato del que beben casi todas las organizaciones izquierdistas y el movimiento obrero es el Industrial Workers of the World, más conocido como los *wobblies*. Lo que empezó en 1905 como un sindicato vanguardia de la revolución socialista, a mitad del siglo XX pasó a considerarse anarcosindicalismo, debido a su participación en la Guerra Civil española, en particular en el frente revolucionario catalán junto a la CNT. En la primera década de los 2000, la de los *wobblies* se había convertido en una organización en declive, con un pasado muy respetado, pero sin apenas militancia.

Cuando, en 2011, un puñado de militantes decidieron sindicalizar dos Starbucks, fue precisamente el hecho de ser «un contenedor» de la tradición izquierdista en el país lo que hizo que esta intentona tuviera tanto impacto y que sus protagonistas, entre ellos Daniel Gross, pudiesen plasmar la experiencia en publicaciones que serían tomadas como referentes por los principales organizadores sindicales del país. Ese año, la izquierda estadounidense se encontraba prácticamente en la UCI. Con el auge del neoliberalismo en la década de 1980, se recrudeció el conflicto capital-trabajo, lo que terminó, al igual que sucedió en otros países, con la derrota casi total de los trabajadores, que quedó plasmada en una tendencia decreciente de la afiliación sindical. La izquierda se refugió en los márgenes, donde tuvo que esperar a rearmarse políticamente y acumular teoría y fuerza.

Antes de 2011 había habido algún destello. En 1999 la Organización Mundial del Comercio celebraba en Seattle su tercera conferencia ministerial, con la intención de impulsar un nuevo ciclo de negociaciones comerciales, conocido como la «Ronda del Milenio». Miles de manifestantes, provenientes de diversas organizaciones —sindicatos, grupos ecologistas, activistas de derechos humanos, etc.— organizaron una contracumbre con tanto músculo social que lograron detener los acuerdos. Desde entonces, las protestas internacionales contra la globalización y el G20 fueron una llama que hizo pensar a muchos que se podía recuperar el pulso en la calle. Pero esa llama terminó apagándose. Hasta 2008. La crisis financiera que provocó la destrucción de millones de puestos de trabajo, desahucios y recortes en salarios y pensiones, y que hizo que millones de estadounidenses se vieran condenados a la pobreza y privados de futuro, desató una ola de rabia e indignación; el caldo de cultivo que permitió el resurgir de ciertos postulados de izquierda.

Ya entrado el primer mandato de la Administración Obama (2009-2013), inspirados por la Primavera Árabe, las protestas en Grecia y el 15-M en España, centenares de activistas decidieron acampar en el parque Zuccotti, en el distrito financiero de Nueva York, cerca de Wall Street. Había nacido un movimiento —Occupy Wall Street— que, a pesar de su brevedad, reformuló totalmente el discurso político de la izquierda estadounidense. El suyo era un discurso eminentemente «material», un alegato contra la desigualdad y el poder de las corporaciones que parasitaban a los políticos y amenazaban la democracia dentro y fuera del país. Este discurso cristalizó en el lema «Somos el 99%», que aún resuena en muchas protestas y manifestaciones. En la izquierda estadounidense, nadie duda hoy de que este movimiento politizó a miles de personas y propició el renacimiento del movimiento socialista estadounidense con una nueva generación de activistas, algunos de los cuales, apenas años después, aterrizarían en la política institucional. Es el caso de Alexandria Ocasio-Cortez, que llegó al Congreso en 2018, o la reciente victoria del socialista Zohran Mamdani en las elecciones a la alcaldía de Nueva York. Al fin y al cabo, una generación de figuras creció bajo la sombra del entonces senador y socialista demócrata Bernie Sanders y ayudaron a que sus campañas presidenciales de 2016 y 2020 fuesen un éxito de movilización.

Todos los activistas, militantes, socialistas y anarquistas que se reunieron en Occupy compartían un mismo análisis: con el estallido de la burbuja de 2008, el capitalismo en su fase financiera estaba dando síntomas de agotamiento y se avecinaba una crisis económica continua y sin precedentes, una proletarización constante de la sociedad estadounidense, el fin de la clase media y de sus proyectos, o lo que es lo mismo: el fin del *american way of life*, un imaginario construido sobre un único pilar, la clase media y sus aspiraciones. Era el momento perfecto para impulsar un movimiento de indignados y reformular la izquierda estadounidense para conseguir un futuro mejor para la clase trabajadora.

Si bien Occupy no tenía una dirección política clara —esa fue una de las causas de su naufragio—, sí había gente decidida a reconstruir una izquierda institucional fuerte tanto dentro como fuera del Partido Demócrata. En Occupy también participaba el sindicato de los *wobblies,* donde un puñado de anarcosindicalistas consideraban que debían escalar el movimiento y no precisamente por la vía institucional. Había que reactivar el movimiento obrero y sindicalizar los sectores que eran, primero, los más vulnerables de la clase trabajadora y, segundo, los que antes sufrirían la proletarización de la clase media. Para que este paso del movimiento Occupy a un movimiento obrero tuviese éxito mediático, se debía elegir una compañía potente para sindicalizarla, una empresa que fuese un buque insignia de los valores del capitalismo estadounidense; una compañía que permitiese demostrar que David puede contra Goliat.

Esa compañía mítica, que gozaba de una imagen excelente entre los consumidores, construida bajo el supuesto de la defensa de los valores liberal-progresistas del capitalismo «estadounidense» era Starbucks. La empresa de la icónica sirena de dos colas, que servía café con aromas de comercio justo y donde los clientes podían acomodarse relajadamente en sofás y sentirse como en casa, pero donde los sindicatos tradicionales no habían entrado por la alta rotación e inestabilidad laboral de sus trabajadores. Por lo general, estos eran jóvenes estudiantes, hijos de la clase media, que trabajaban para pagarse sus estudios; es decir, los primeros en sufrir las consecuencias de la crisis.

Una vez realizado el análisis de la situación social, en 2011 los *wobblies* decidieron sindicalizar dos cafés de Starbucks en el estado de Nueva York: uno en Manhattan y otro en Búfalo. Se haría una campaña clásica, en la que se apelaría a los trabajadores a que se sindicalizasen para mejorar sus condiciones laborales —salario y mejora de horarios—. Sin embargo, su aproximación fue bastante adanista: «lo que queréis como trabajadores es mejores salarios, un horario estable y más beneficios laborales, como es el seguro de salud». Es decir, a la hora de determinar los objetivos de su campaña «desde fuera», no hablaron con nadie de dentro; el organizador sindical se presentaba con un programa que, supuestamente, los trabajadores verían con buenos ojos. Tal y como señala el libro de Daniel Gross y Staughton Lynd, su campaña se había diseñado sin conocer las demandas de la plantilla. Obviamente, su análisis de la proletarización les hizo acertar en algunos aspectos, pero el resultado quedó lejos de lo esperado. Aun así, el intento de los *wobblies* resultó novedoso por tres razones. La primera, porque se centraba no tanto en lo político del anarcosindicalismo como en explicar a los trabajadores sus derechos básicos e inalienables. Segunda, la concienciación de la «comunidad en torno a Starbucks», es decir, los clientes, sobre los derechos de esos trabajadores que no se respetaban, para que se uniesen a su lucha ofreciendo apoyo comunitario, o para que boicotearan a la empresa. Y la tercera razón, que es el principal legado de esta experiencia, el uso del *salting*.

*Salting* significa «sazonar». Aunque el origen del término no está claro, el más aceptado es que surgió en los años treinta del pasado siglo, cuando militantes socialistas y comunistas utilizaban esa palabra al acudir a las fábricas para «echar sal en la herida» de las condiciones laborales, con el fin de incitar a los obreros a protestar. La estrategia, que consiste en que un sindicalista pida trabajo en una empresa con el único propósito de sindicalizarla, ocultando tanto a sus jefes como a sus compañeros cuál es su intención real, es ilegal en Estados Unidos. Y, en esa década de 1930, solo se atrevían a llevarla a cabo los sindicalistas más militantes, como los *wobblies*.

A pesar de todo, es una táctica bastante común en los sindicatos estadounidenses, no solo en los anarcosindicalistas que la aplican por convicción política sin importarles las consecuencias. Hay otros sindicatos no tan politizados que también la practican; de hecho, es parte de los manuales de los sindicatos más amarillos[3] para romper una primera barrera con los trabajadores: un sindicalista accede al puesto de trabajo, mapea el centro y analiza cuáles son las principales demandas de los trabajadores. En los sindicatos amarillos, la persona infiltrada suele dimitir llegado el momento para luego organizar una campaña desde fuera apoyada por su sindicato. Lo que encontramos en 2011 y en 2021 es que los que practican el *salting* deciden quedarse en el trabajo con sus compañeros y exponerse a los mismos peligros que ellos a la vez que organizan el sindicato. Esta táctica se la pueden permitir personas ultrapolitizadas, a las que no les importa ser despedidas y entrar en listas negras, o sindicalistas que forman parte de la plantilla del sindicato, ya que no peligra su sustento económico.

Existen, pues, dos vías para llevar a cabo el *salting*: desde fuera o desde dentro. La mayoría de las veces se realiza desde fuera y tiende a fracasar porque los trabajadores se sienten engañados por quien, supuestamente, era su compañero y les preguntaba por sus legítimas demandas. Para más inri, este, desde una posición cómoda, ya que a él le paga el sindicato, les pide que se tiren al vacío de la sindicalización sabiendo que puede suponer la pérdida del empleo. Lo que propone el Nuevo Sindicalismo, heredero de las campañas de los *wobblies*, es que el sindicalista permanezca en el centro de trabajo y que sindicalice sin perder su condición de compañero. Esto aplaca la desconfianza del resto de trabajadores, que lo ven como un trabajador más que comparte su miedo a que se dé la posibilidad de que el proceso de sindicalización no llegue a buen

3 Básicamente, un «sindicato amarillo» es aquel promovido o controlado por la empresa para restar fuerza a los sindicatos independientes y limitar la negociación colectiva.

puerto. Las campañas que usaban el *salting* desde fuera a menudo fracasaban; su única utilidad era mapear y diagnosticar. Pero en el Nuevo Sindicalismo el *salting* se convierte en el pilar fundamental de su estrategia.

A pesar de que los *wobblies* no consiguieron la sindicalización de aquellas dos cafeterías de Starbucks, el impacto de esta campaña y la autocrítica posterior llevada a cabo por sus protagonistas sentó las bases para el surgimiento, una década después, del Nuevo Sindicalismo. El libro de Gross y Lynd contiene un análisis de los problemas o fallas que se identificaron: la campaña se había hecho pública demasiado pronto, lo que facilitó la represión de los jefes contra los trabajadores, que fueron despedidos; habían enfrentado a unos militantes ultrapolitizados del anarcosindicalismo con unos empleados poco o nada politizados, y no habían hecho un trabajo previo de prospección para conocer realmente cuáles eran las necesidades laborales. A pesar de los errores, esta campaña pionera fue recibida con ilusión por el movimiento obrero estadounidense, y Gross y Lynd se aseguraron de que su experiencia se diera a conocer en los demás sindicatos del país, a la espera de que alguien se atreviese a seguir sus pasos.

Volviendo a Bensinger, en sus talleres recogió estos trabajos y también la experiencia de Labor Notes, dedicada a formar sindicalistas en nuevas tácticas para fortalecer el movimiento obrero. Esta organización surge en 1979, a contracorriente, coincidiendo con el inicio del declive del sindicalismo tradicional frente a un neoliberalismo muy potente. En este escenario, un grupo de periodistas junto a organizadores sindicales decidieron crear lo que en un principio iba a ser una publicación que visibilizara experiencias sindicales de éxito para así infundir ánimo al movimiento obrero.

Desde sus inicios, Labor Notes mantuvo una clara postura activista y combativa: no solo documentaba huelgas y conflictos laborales, también quería explicar las diversas tácticas y estrategias utilizadas para ganar dichos conflictos y, lo que es más importante, informar sobre cómo, en un escenario sumamente adverso, los trabajadores habían tomado el control de los sindicatos amarillos y los habían convertido en verdaderas instituciones de la clase trabajadora. En menos de una década, Labor Notes se convirtió en un recurso indispensable para los sindicalistas radicales, los movimientos de base e incluso para formaciones políticas como los Democratic Socialists of America (DSA), que buscaban construir sindicatos más democráticos y combativos que se debiesen a la clase trabajadora. Lo que había empezado como una publicación, enseguida se amplió a una serie de conferencias y talleres, donde se invitaba a las personas trabajadoras que ganaban los conflictos laborales a poner en común sus tácticas de organización y sus estrategias de lucha y negociación colectiva.

Ante el éxito de la publicación y, sobre todo, de las actividades, decidieron sistematizarlas y organizar una verdadera escuela sindical, donde crearon un taller diseñado para la formación y dotación a las personas trabajadoras de las habilidades que normalmente se «reservaban» a los organizadores, dando lugar a lo que se ha llamado «sindicalismo de base». Sus talleres más alabados son de carácter temático: cuentan con una parte teórica y otra práctica, en la que se prueban escenarios reales de lucha sindical. Entre los más populares están «Cómo organizarse en el centro de trabajo», «Cómo movilizar a los compañeros de trabajo», «Cómo planificar una campaña ganadora» o «Cómo enfrentar la represión sindical».

Sin duda, la gran aportación de Labor Notes fue la concretización de toda esa experiencia, incluyendo la de los *wobblies* en Starbucks en 2011, en la publicación de un manual muy accesible para organizar centros de trabajo: el ya nombrado *Secrets of a Successful Organizer*, publicado en 2016, en plena ola de resurgimiento izquierdista en Estados Unidos, gracias a la campaña de primarias del socialista demócrata Bernie Sanders. Tanto el manual para organizadores como gran parte de los talleres son de acceso libre, lo cual facilita la formación de personas de a pie, ya que no solo se dirigen a quienes puedan pagar esa formación o a sindicalistas cuya formación cubren sus organizaciones. Este manual es una guía práctica y estrictamente metódica —si no se siguen los pasos uno a uno, todo el plan falla— que proporciona las estrategias para que cualquiera pueda sindicalizar su puesto de trabajo, ya sea con una campaña pública o haciendo *salting* desde dentro. El manual contempla sencillos pasos, desde cómo hablar con los compañeros de trabajo, a otros más teóricos, como la «identificación de líderes orgánicos dentro del centro de trabajo». Muchas de las personas que lo usaron en Starbucks coinciden en que, en sí, no es «nada sexy», puesto que es muy metódico y sistemático, pero, gracias a su uso, todas sus campañas tuvieron éxito.

En 2016 la izquierda estadounidense estaba más que preparada, al menos en el plano teórico, para sindicalizar distintas compañías, ya fueran buques insignia o no del capitalismo estadounidense, e intentar reformar los sindicatos tradicionales para convertirlos en verdaderas instituciones al servicio de la clase trabajadora. Sin embargo, faltaba algo muy importante, lo más difícil de controlar: un contexto idóneo. A pesar de que la crisis ya había empezado, todavía no se habían dado algunos factores decisivos: la existencia de una masa de trabajadores desencantada, de grupos de jóvenes ultrapolitizados y de una gran cantidad de trabajadores que supiesen que, de verdad, eran esenciales. Todo eso cambiaría en el aciago 2020.

## 3. Llegó la hora de los wokes y los «esenciales»

Cadenas de producción y distribución paradas, millones de personas trabajadoras confinadas y otros miles combatiendo el virus: 2020 ha pasado a la historia como el año en el que el mundo quedó en pausa debido a la trágica pandemia del covid-19. En los países occidentales, en especial en Estados Unidos, se decidió tratar a esas personas trabajadoras que se enfrentaban al virus diariamente como héroes. No solo era heroico el trabajo del personal sanitario que salvaba vidas, también, en una decisión política para que la rueda de consumo y beneficio mantuviese su ritmo constante, se decidió llamar héroes a los vendedores de alimentos, a los transportistas y repartidores, a los *riders*... y, en general, a toda persona que trabajara de cara al público.

Si bien estos trabajadores en un principio aceptaron el halago que nunca, o casi nunca, recibían, pronto sintieron una disonancia identitaria: si eran unos héroes por enfrentarse al virus y seguir dando servicio a los consumidores, ¿por qué no se les proveía de mascarillas para proteger su vida?, ¿por qué cobraban salarios bajos y tenían unas condiciones laborales tan precarias si eran trabajadores «esenciales para la sociedad»?, ¿por qué no contaban con seguro médico y estaban condenados a la bancarrota en el caso de que enfermasen? Durante 2020 y 2021, estos interrogantes se agudizaron, demostrando la importancia de la identidad y del orgullo de cada persona trabajadora por su labor en la sociedad y cómo cambia el juego cuando se le da a todos los trabajos su verdadero valor social. Pero, mientras se reforzaba la identidad heroica de estos «trabajadores esenciales» que se exponían al virus cada día, cientos de miles de personas trabajadoras fueron confinadas, lo que las llevó a pulsar el *pause* y reflexionar sobre sus vidas. Sobre unos y otros se cernía una crisis económica sin precedentes.

El confinamiento sí entendió de clases: no tuvo el mismo efecto para quienes teletrabajaban que para quienes no. Tampoco era lo mismo confinarse con una familia extensa en una casa grande, con terraza o jardín, que en un apartamento o en un piso pequeño, como se vieron obligadas a hacer aquellas familias que no se podían permitir, desde hacía ya tiempo, una vivienda más grande. Para muchas de las personas que pudieron confinarse con teletrabajo y en viviendas más cómodas, a pesar del peligro letal que suponía el virus, la pandemia fue una experiencia reveladora, porque se detuvo el ritmo frenético de sus vidas y pudieron replantearse sus prioridades. ¿Podían permitirse dejar el trabajo? ¿Encontrarían un puesto con mejores condiciones? Quizás era más importante trabajar para vivir bien que vivir para trabajar. Así arrancó el fenómeno conocido como «la Gran Dimisión», protagonizado por unos pocos millones de personas a lo largo y ancho de Estados Unidos. Hay que tener en cuenta que esta gente gozaba de dos privilegios: tenía trabajos bien remunerados, con un cierto estatus y capital social, y también ahorros —aunque en Estados Unidos, donde no existe un sistema de sanidad público, en mitad de una crisis sanitaria esto era una quimera—. La Gran Dimisión también entendía de clases: las personas con trabajos peor pagados, sin posibilidad de ahorro, no se podían permitir parar; muy al contrario, tenían que trabajar en lo que fuese, independientemente de si sus vidas peligraban.

Junto a la crisis económica que se estaba gestando, la Gran Dimisión fue uno de los grandes temas de conversación en Estados Unidos a lo largo de 2020, especialmente en los primeros seis meses del año. En el país de la ética protestante del trabajo, emergía un cambio cultural: la vida se reposicionaba como el principal valor y no todos estaban dispuestos a seguir en trabajos que no les satisfacían o que, a pesar de los buenos salarios, les producían estrés, insomnio o problemas de salud mental. Teóricos, tertulianos y políticos del espectro progresista se lamentaron durante estos meses de que la Gran Dimisión fuera un triunfo más del neoliberalismo y su colonización de las mentes: se trataba de «soluciones» individuales —cortadas bajo el patrón de clase— para un problema estructural. Era el último coletazo de la derrota de la clase trabajadora iniciada en los años setenta: Estados Unidos era un país individualista, desde los ochenta los sindicatos estaban en pleno declive y las personas trabajadoras, fragmentadas, no encontraban soluciones colectivas, solo les quedaba el escape individual. Pero el reposicionamiento de la vida como principal valor dio esperanza a aquellos luchadores que, desde los ochenta, se mantenían agazapados en los márgenes para librar una última ofensiva total, democrática y colectiva.

Ante la Gran Dimisión, entre los sindicalistas hubo quien pensó que había llegado el momento de intervenir, y quizá, si había suerte y encajaban todas las piezas, de hacer renacer el sindicalismo. Había una crisis económica, la gente, tanto la que contaba con buenos sueldos como la que no, estaba descontenta con sus empleos. Ya se sabía desde antes que estos eran precarios, pero sobre ellos pesaba el pacto social explícito de que estaba bien que así fuese. Ahora, por el contrario, esos empleos se revestían de una épica que llevó a los trabajadores a preguntarse por qué, si los consideraban esenciales, tenían tan malas condiciones laborales.

El momento para intervenir era bueno, pues se daba una situación de desencanto generalizado, a la vez que determinados trabajadores, aquellos a los que llamaban héroes, se identificaban con su condición de trabajadores y se sentían orgullosos de serlo. Sin embargo, seguía faltando una pieza: la masa de jóvenes ultrapolitizados deseosos por vivir mejor que sus padres, por construir un mundo más justo, donde la emergencia climática se combata junto al racismo, el machismo y la LGBTIQ+fobia y en el que la vida digna, y no el beneficio capitalista, sea el valor positivo por el cual toda la sociedad se ordena.

El 25 de mayo de 2020, en Mineápolis, Minnesota, un policía presionó con su rodilla el cuello del afroamericano George Floyd hasta provocarle la muerte. Aquellos ocho minutos y 46 segundos de ignominia desembocaron en una adhesión masiva al movimiento Black Lives Matter, que promovió la mayor oleada de protestas y manifestaciones convocadas por un movimiento social en la historia de Estados Unidos. Millones de jóvenes pasaron a la acción, se politizaron y demostraron que estaban listos para luchar por aquello que considerasen justo.

Para entender estas movilizaciones antirracistas y cómo impregnaron el Nuevo Sindicalismo, es necesario mirar atrás y ver en qué estado se encontraban las relaciones entre la izquierda en general y el movimiento antirracista en particular con el Partido Demócrata. Como ya apuntamos, la derrota sindical y el ascenso del neoliberalismo a finales de los setenta empujaron a la izquierda a una posición de repliegue. Ese reflujo reordenó también las relaciones entre el movimiento antirracista y el Partido Demócrata, que empezó a reconfigurar su coalición electoral bajo nuevas reglas.

Durante ese periodo, el retroceso en el terreno sindical convivió con el florecimiento de nuevas expresiones de lucha que abrieron profundas grietas culturales: el activismo LGBTIQ+ (capitaneado en las décadas de 1970 y 1980 por la comunidad *queer* y trans) y la consolidación en las universidades de marcos teóricos para decodificar la realidad, como la teoría crítica de la raza y la interseccionalidad, que replantearon de raíz las categorías de raza y de género. No fue un tránsito lineal ni inmediato. Se trataba de una serie de resistencias dispersas, con victorias parciales en la cultura y la academia y vocación de convertirse en un proyecto político de mayorías. Faltaba dar con la forma de articular los distintos frentes. Ese camino largo y tortuoso que duró más de tres décadas no bastó para sacar a la izquierda de la marginalidad, pero la preparó para intervenir con mayor claridad tras la crisis de 2008. La recesión hizo caer la Administración Bush y allanó el terreno para la llegada del primer presidente negro del país. La izquierda, aunque debilitada, ya contaba con cuadros y marcos para ejercer una crítica a su propia gestión.

En los años ochenta y en plena ofensiva neoliberal, el Partido Demócrata, antaño orgulloso representante de la clase trabajadora y sus aspiraciones, terminó por abandonar ese papel. Bajo el influjo de los moderados y la llamada «tercera vía», consolidada por Bill Clinton durante su mandato, los demócratas aceptaron el nuevo *statu quo* liberal y orientaron su estrategia electoral hacia las llamadas políticas identitarias. El cálculo de los estrategas demócratas era claro: pensaron que ofreciendo a las minorías raciales —en especial a las personas negras y latinas— una combinación de gestos simbólicos y mejoras materiales podrían seguir ganando elecciones. La apuesta funcionó en 2008: Obama venció con la «coalición del arcoíris». Pero aquella sería la última victoria holgada de los demócratas, pues, incluso el triunfo ajustado de Biden en 2020 respondía más a un frente antifascista de mínimos que a la reedición de aquella coalición.

Barack Obama encarnó el producto más refinado y acabado de esa estrategia. Un hombre negro, criado en una clase media-alta, moderado, que decía representar las aspiraciones de la historia negra estadounidense y que, si conquistaba la presidencia, podría cerrar el capítulo de la historia de la lucha contra la discriminación racial en el país. Es vital entender el mandato de Obama para analizar el posterior surgimiento del movimiento *woke*, que acabó politizando a millones de jóvenes, lo cual, sumado al desencanto de los trabajadores y su orgullo por ser héroes, sería la coctelera de donde saldría el Nuevo Sindicalismo.

La de Barack Obama en 2008 es la última «gran victoria» del Partido Demócrata y se sustentó fundamentalmente en un discurso sobre la esperanza y el reencuentro de Estados Unidos con su historia, que se plasmaría en dos vertientes: el reencuentro de las personas trabajadoras con el sueño americano en un periodo de precarización brutal y el de las personas negras con la historia de su país al romper las barreras de la discriminación racista. Como se ha dicho, esta victoria fue posible gracias a una coalición entre la clase trabajadora blanca y personas negras y latinas que los demócratas no han podido volver a levantar, al menos en un porcentaje suficiente. Lo cierto es que la Administración Obama, a pesar de ser bastante moderada, supo capear la crisis de 2008 con más atino que la Unión Europea y su posición austericida, por lo que la economía no tardó mucho en recuperarse y poner el famoso «sistema de goteo de arriba a abajo» en marcha. Es decir, si le va bien a los ricos y a las empresas, a las capas más bajas de la sociedad también les irá mejor porque esa riqueza les irá cayendo mediante un goteo pleno mediado por el mercado y no por una política redistributiva consciente.

La campaña electoral de Obama se había centrado, más que en la economía, en la posibilidad de que Estados Unidos superase su propia historia eligiendo a su primer presidente negro. La derecha no supo confrontar este discurso y comenzó a moverse hacia posturas más extremistas con el Tea Party, la antesala de la *alt-right,* y negándose a reconocer que el país iba a elegir a su primer presidente negro y que esta elección era legítima. Al otro lado, muchos tertulianos pregonaron que, con esta elección, el racismo en Estados Unidos llegaba a su fin. Es más, se había hecho justicia y resarcido a todos los que en su momento sufrieron discriminación racista. Pero el relato de reconciliación racial no tardó en revelarse como un espejismo. La quiebra se produjo concretamente en la primera ocasión que tuvo Obama de ejercer de verdad como «presidente negro» e intervenir en favor de la comunidad afroamericana.

El 26 de febrero de 2012, George Zimmerman, vigilante de una urbanización de Florida, abatió de un disparo a Trayvon Martin, un adolescente negro desarmado que iba a visitar a unos familiares. La absolución de Zimmerman un año después trajo consigo la aparición en redes sociales del *hashtag* #BlackLivesMatter, impulsando una oleada de protestas. Se hacía evidente el hecho de que la existencia de un presidente negro por primera vez en la historia del país no era ni mucho menos suficiente para acabar con el racismo estructural e institucional. En una primera reacción, Obama declaró que había que acatar la sentencia sin más: «Vivimos en un Estado de derecho y el jurado ha hablado» dijo, e hizo un llamamiento a la calma: «Le pido a todo estadounidense que respete el llamamiento a una reflexión sosegada hecho por un padre y una madre que perdieron a su joven hijo. Y, a medida que lo hacemos, debemos preguntarnos si estamos haciendo todo lo posible por ensanchar el círculo de compasión y entendimiento en nuestras propias comunidades».

En un primer momento, Black Lives Matter no buscaba confrontar a Obama ni polarizar con él. Se trataba de un movimiento ciudadano que, con su lema «*Stay Woke!*» [mantente alerta], pretendía sintetizar décadas de avances de la teoría crítica de la raza y fijar la posición que debía tener la izquierda ante el racismo. Con «*Stay Woke!*» se buscaba interpelar al conjunto de la sociedad estadounidense para que no lo fiase todo a la elección de un presidente y se mantuviese alerta ante cualquier indicio de racismo estructural. La izquierda salía así de un letargo que duraba ya tres décadas y abandonaba los márgenes para recuperar una posición hegemónica.

Dada la repercusión del lema y su efectividad para emprender la batalla cultural, en una apuesta decidida por una posición que defendía los valores universales de la izquierda desde la diversidad, muchos pasaron a llamar a esta nueva fuerza «izquierda *woke*», un término que no empezaría a cobrar un significado real hasta que la *alt-right* comenzó a usarlo de forma despectiva, primero contra el Black Lives Matter y después contra toda la izquierda. Al fin y al cabo, quienes defendían un populismo blanco y heterosexual encontraron en esta apuesta por la diversidad a su enemigo perfecto. Si bien la *alt-right* consiguió lo que pretendía discursivamente —englobar a todos sus enemigos en un único significado y simplificar así su mensaje—, este encapsulamiento en lo *woke* hizo que la apuesta por la diversidad se volviese completamente hegemónica, sin las degeneraciones reaccionarias —como el rojipardismo— que han existido en otros países. La palabra *woke* ha acabado convirtiéndose en un significante vacío, utilizado como espantapájaros por la extrema derecha mundial para describir todo lo que no le gusta. Por su parte, la izquierda no se denomina a sí misma como *woke*, aunque tampoco rechaza el término, siempre y cuando se haga referencia a su genealogía: la apuesta desde la diversidad por alcanzar el horizonte de la emancipación universal. En este sentido, podemos afirmar que el Nuevo Sindicalismo es el «brazo armado» contra el capital que llevó al despertar de la izquierda *woke*.

Ferguson, Misuri, 9 de agosto de 2014. El policía Darren Wilson mata al joven negro desarmado Michael Brown. La muerte desata protestas masivas en las que se denuncia la brutalidad policial y el sesgo racial. La respuesta del gobernador de Misuri es el despliegue de la Guardia Nacional —la fuerza militar de reserva—, en una represión crecientemente militarizada. Meses después, un gran jurado decide no imputar a Wilson y el Departamento de Justicia abre una investigación que evidencia patrones sistémicos de discriminación en el Departamento de Policía local. En ese contexto, la Casa

Blanca llama a la calma y evita una confrontación política directa con las fuerzas de seguridad. Esa secuencia —protesta, represión y ausencia de medidas federales contundentes— marca el punto de ruptura total entre Black Lives Matter y el Partido Demócrata al tiempo que acelera la radicalización discursiva del movimiento, que empieza a señalar al presidente como parte del problema. Obama certifica la ruptura cuando, en vez de anunciar alguna medida contra la violencia policial o contra la discriminación, apoya la decisión del gobernador de Misuri.

Desengañado, el movimiento Black Lives Matter no tiene más remedio que reorientar su estrategia «fuera de las instituciones», y volver la mirada al pasado de la lucha antirracista socialista del país, en concreto a los Panteras Negras. Sus prioridades pasaron a ser el centro del trabajo de barrios y comunidades y también de otros colectivos como el LGBTIQ+ y la izquierda de los Democratic Socialists of America (DSA), que empezaba a despuntar como principal fuerza entre los jóvenes gracias a la campaña presidencial de Bernie Sanders en 2016 y a la de Alexandria Ocasio-Cortez al Congreso en 2018. Ambas campañas tomaron como brújula el socialismo democrático y asumieron todas las exigencias del Black Lives Matter y del colectivo LGBTIQ+. Los tres movimientos —antirracista, LGBTIQ+ y socialista— empezaron a colaborar, por ejemplo, a través de talleres que trabajaban la superación del capitalismo desde la diversidad de la clase trabajadora. Estas actividades alcanzaron su máxima expresión tras la campaña presidencial de Sanders de 2016, donde el DSA se vio desbordado por una militancia que llegó a sumar cien mil personas, entre las que se contaban los miles de jóvenes que participaban en esos talleres y apostaban por reconstruir el movimiento obrero. Cuando el 25 de mayo de 2020 George Floyd muere ahogado por una técnica policial importada del ejército de ocupación israelí, ya existían los mimbres para dar el primer paso hacia la construcción de un gran movimiento de masas.

¿Por qué el Black Lives Matter fue decisivo para que el Nuevo Sindicalismo viera la luz? Con esta movilización —protagonizada por miles de jóvenes que ya estaban politizados, pero que concienciaron en materia de desigualdad racial y de clase a muchos millones de estadounidenses— se completaban los tres factores necesarios para el surgimiento del Nuevo Sindicalismo: el desencanto de los trabajadores, el orgullo de identidad de los trabajadores al ser llamados esenciales y una gran masa de población joven dispuesta a luchar.

Los sindicalistas, activistas y militantes del DSA y del Partido Comunista de Estados Unidos (CPUSA) fueron capaces de leer la situación política y elegir el momento preciso para poner en marcha las nuevas estrategias. Vieron que la correlación de fuerzas entre la juventud había cambiado. La izquierda había acumulado el empuje suficiente para abrir una ventana de oportunidad y comenzar un movimiento sindical que fuese punta de lanza contra el capitalismo en la calle, mientras en las instituciones, el DSA seguía presentándose a las elecciones y mejorando resultados año tras año. Es así como un puñado de jóvenes militantes y un veterano sindicalista experimentado en nuevas tácticas comenzaron la historia de la sindicalización de compañías como Starbucks o Amazon.

# 4. Las tres victorias del Nuevo Sindicalismo: Starbucks, Amazon y la industria del videojuego

## El caso de Starbucks: el fin del capitalismo arcoíris

Starbucks es una de las empresas más icónicas del capitalismo estadounidense, tanto por ser una de las principales corporaciones empleadoras, con casi quince mil establecimientos repartidos en cincuenta países y más de 210.000 trabajadores en Estados Unidos (según datos de septiembre de 2024) como por su impacto en la cultura popular y en el *american way of life*: un notable surtido de cafés, estética de comercio justo y sillones donde los clientes pueden trabajar con su ordenador o echar la tarde. Hubo una época en que, si uno quería ser *hipster*, tenía que ir a Starbucks.

Starbucks nació en 1971, en el mercado Pike Place de Seattle. La fundaron Jerry Baldwin, Zev Siegl y Gordon Bowker, tres amigos influidos por la ética artesanal y el consumo responsable que caracterizaban a la costa oeste de los setenta. Inspirados por Alfred Peet, pionero californiano del café de calidad, concibieron la empresa no como una cadena de cafeterías, sino como una tienda especializada en la venta de granos y utensilios para preparar café en casa. Su público era reducido y culto: profesores universitarios, estudiantes, vecinos con sensibilidad progresista. En aquel Seattle todavía marcado por el poso de la contracultura, Starbucks era más una extensión del gusto ilustrado local que una marca comercial en sentido pleno.

La transformación llegaría en 1982 con la incorporación de Howard Schultz, un joven ejecutivo de marketing que, en un viaje a Italia, quedó fascinado por la cultura de los *espresso bars*. Schultz comprendió que el negocio no estaba solo en vender café, sino en vender un espacio y una experiencia. Bajo su dirección, ese aire de autenticidad inicial se convirtió en un mero decorado y Starbucks pasó de ser un minorista artesanal a una marca de consumo aspiracional, trasladando la estética del consumo políticamente responsable al capitalismo cotidiano. Lo que había empezado como un pequeño experimento *hipster* de Seattle se convirtió, en pocos años, en uno de los emblemas más reconocibles de la globalización cultural y en una empresa capaz de impedir que ningún sindicato se formara en su interior.

Nada le hacía sombra a su buena prensa —lograda, en parte, gracias a su imagen eco y a un marketing excelente—, que se proyectaba sobre su *target* tanto de clientes como de posibles trabajadores. Sin embargo, el año 2020 cambió muchas cosas. Demasiadas, pensaría seguramente Kevin Johnson, el sucesor de Schultz al frente de la empresa. La pandemia hizo que quienes servían el café fuesen declarados personal esencial para que los establecimientos siguieran facturando. Por otro lado, el movimiento Black Lives Matter se encargó de demostrar la hipocresía del capitalismo arcoíris que la compañía profesaba.

A lo largo de los años, Starbucks había cuidado siempre su relación con el colectivo LGBTIQ+, integrándolo como parte de su imagen de marca. Fue, de hecho, una de las compañías que facilitó *motu proprio* que sus trabajadores pudieran llevar chapas indicando los pronombres con los que querían que se dirigieran a ellos. La mayoría de los trabajadores que conforman Starbucks Workers United han reconocido que, en ambientes muy conservadores de la América rural, esta compañía ha sido su salvavidas económico, su espacio seguro, la única que en esa zona contrataba a personas del colectivo LGBTIQ+.

Por otro lado, Starbucks encarnaba el diagnóstico certero de Occupy Wall Street: sus trabajadores eran miembros de la clase media que quería pagarse sus estudios y quienes primero sufrieron la pérdida de poder adquisitivo en la crisis financiera. En 2020, a la proletarización que se había cebado con su plantilla se sumaba otro problema: trabajar de cara al público, sin mascarillas y sin seguros médicos adecuados. Ser barista en Starbucks se había convertido en una actividad de alto riesgo. Pero, como pronto descubrirían los sindicalistas que llevaron a cabo el *salting* y mapearon y analizaron la situación de sus compañeros, el principal enfado, lo que prendió la chispa que dio un vuelco a tantas cosas, no fueron ni los salarios bajos ni la escasa protección contra el virus, sino otro asunto que, de no haberse infiltrado en la empresa, difícilmente habrían captado.

Durante los primeros meses de las protestas del Black Lives Matter, Starbucks dejó que sus trabajadores llevaran, junto a la chapa de su pronombre (reglamentaria en el uniforme), otra de apoyo al movimiento. La compañía también permitió que apareciesen cuadrados negros en sus establecimientos como gesto de protesta y solidaridad. Pero, una vez pasada la primera oleada, cuando Black Lives Matter pasó de los casos concretos a señalar la cuestión estructural —el racismo como algo intrínseco al capitalismo y a la historia de Estados Unidos—, Starbucks mandó quitar los carteles y demás signos de apoyo al movimiento, chapas incluidas.

Muchas trabajadoras de todo el país desoyeron la directriz y mantuvieron la insignia en sus solapas. La compañía decidió dar un paso más y ordenó que se quitara toda chapa que no contuviera, únicamente, el nombre de la persona, para evitar que las siglas BLM apareciesen en sus uniformes. En muchos casos, esta prohibición incluía el indicativo de los pronombres. La compañía progresista por excelencia, la que había acogido como ninguna otra la diversidad en materia de género, daba las primeras muestras de regresión. Con esa decisión, acababan de prender la llama de un movimiento que hoy cuenta con más de quinientos establecimientos.

En 2022, asustado por un éxito que casi nadie esperaba, Howard Schultz consideró que debía volver al frente de la empresa para contener los avances sindicales. Fue entonces cuando afirmó en una entrevista en la CNN: «No creo que un sindicato tenga cabida en Starbucks». Y añadió: «Si un grupo muy reducido de personas presenta una petición para sindicalizarse, tienen derecho a hacerlo. Pero nosotros, como empresa, también tenemos derecho a decir: "Tenemos una visión diferente, mejor, más dinámica, y contamos con una historia que lo demuestra"». De nuevo, se intentaba apelar a aquellos valores originales de la empresa que durante años habían servido para contener los avances laborales. Pero sus cantos de sirena ya no tenían el mismo efecto y, en septiembre de 2023, Schultz volvió a retirarse.

La estrategia con la que los sindicalistas habían hecho historia parecía sencilla: explotar la disonancia entre lo que Starbucks defendía como parte de su imagen corporativa y lo que hacía de puertas para adentro. A los bajos salarios y al hecho de contar con un seguro médico deficiente, se sumaba que privaban a los trabajadores de su derecho a solidarizarse con causas que consideraban justas. En uno de los momentos más convulsos de sus vidas, se habían sentido engañados y totalmente desamparados.

Pero, para que esa estrategia aparentemente sencilla funcionara, hacía falta sindicalizar desde dentro y manejar información de primera mano. Diez años antes, el intento de los *wobblies* había fracasado, justamente, porque no les habían preguntado a los trabajadores qué querían, cómo se sentían, por qué estarían dispuestos a organizarse y jugársela. Esta vez, Bensinger y sus sindicalistas no querían cometer el mismo error.

***

A finales de 2021, Starbucks contrató a Jaz Brisack, una chica de veinticuatro años que había trabajado lavando platos durante su adolescencia, que después obtuvo una beca para estudiar en la universidad y que, cuando se graduó, buscó trabajo en Búfalo para sobrevivir un par de meses. El de Brisack es el típico perfil de empleada de la compañía: una persona recién licenciada, que necesita ganarse la vida con algún trabajo para el que está sobrecualificada y que, en esa gran rotación, en poco tiempo abandonará la empresa. Lo que no sabía Starbucks era que Jaz Brisack era una socialista convencida de que los sindicatos son la mejor forma de combatir el capitalismo.

Nacida en Texas, Brisack se crio en Alcoa, un pequeño pueblo industrial de Tennessee. Sus progenitores apostaron por educarla en casa. Se trataba de una familia conservadora, aunque la madre tenía lo que su hija ha definido en alguna entrevista como una «mezcla de ideas populistas de izquierdas y de derechas», una combinación frecuente en el sur estadounidense entre la fe en la autosuficiencia y el trabajo duro y cierta simpatía por la justicia social y el antielitismo. Más allá de lo que le contaban en casa, la joven tenía una agenda propia de lecturas, en la que se encontraban textos como los del histórico socialista Eugene V. Debs.

Brisack tuvo diversos trabajos precarios hasta que fue aceptada por la Universidad de Mississippi, donde entró en contacto por primera vez con un sindicato: el United Auto Workers (UAW), un sindicato histórico del motor, que ahora también representaba a estudiantes sindicalizados en los campus de las universidades, principalmente a los futuros ingenieros, que eran los que acabarían en las compañías del motor, y de ahí se expandía a otras carreras. En Mississippi, Brisack decidió apoyar al UAW en una campaña para sindicalizar una planta de la Nissan. Allí conoció a uno de los líderes de la campaña, un tal Richard Bensinger. La campaña fracasó y ella recibió una prestigiosa beca que la llevó a Oxford. Cuando se fue a Inglaterra, recibió una llamada de Bensinger. Estaba trazando un plan para sindicalizar una compañía de café en la ciudad de Búfalo. Pero ¿por qué allí?

Búfalo, segunda ciudad del estado de Nueva York, fue durante buena parte del siglo XX un emblema del cinturón industrial estadounidense. En torno a sus astilleros, fábricas de acero y talleres ferroviarios creció una clase trabajadora numerosa y bien organizada, que dejó una huella sindical profunda. En 1892, la huelga de los *switchmen* —los operarios que cambiaban las agujas del ferrocarril— marcó uno de los primeros conflictos laborales de alcance nacional. Aunque aquella base industrial se desmoronó en los ochenta, con la deslocalización y el cierre de plantas, la cultura obrera nunca desapareció del todo: sobrevivió en los oficios y en las federaciones locales y en una memoria colectiva que asocia trabajo con dignidad. Hoy Búfalo es una ciudad demócrata y diversa, donde ese legado obrero ofrece un terreno fértil para las nuevas formas de organización que han empezado a germinar dentro de las propias empresas.

Ese sustrato histórico explica, en parte, por qué el primer brote del nuevo sindicalismo en el sector servicios floreció precisamente allí. Cuando, en 2021, un grupo de baristas y encargados de Starbucks decidió organizarse, no partían de cero: habían crecido en una ciudad acostumbrada a hablar de sindicatos, aunque lo hiciera en pasado. Su reivindicación, modesta en apariencia —pedir voz en una empresa que se presentaba como progresista y familiar— activó una larga memoria de lucha colectiva. Desde una cafetería de barrio, retomaron el hilo que unía a los viejos obreros del acero con una nueva generación de trabajadores precarios, más jóvenes, más diversos y con otra gramática política, pero con el mismo impulso de dignidad laboral.

Bensinger contaba con dos cosas fundamentales en Búfalo: un buen diagnóstico de la situación y varios jóvenes dispuestos a pasar a la acción. Brisack dejó la carrera académica por el activismo y aceleró su vuelta a Estados Unidos, donde, a finales de 2020, solicitó un puesto de trabajo en el Starbucks de la Elmwood Avenue de Búfalo. En la entrevista estaba muy nerviosa, porque hubiera bastado una búsqueda en Google para que descubrieran que tenía una agenda oculta y que, en realidad, se dedicaba a la organización sindical, pero nadie la gugleó.

Los siguientes ocho meses fueron de los más intensos de su vida: una sucesión de turnos agotadores, de cafés servidos y de intensas conversaciones. Durante los descansos o al salir del turno hablaba con sus compañeros del cansancio, de los horarios imposibles, de lo poco que se escuchaba su voz. De vez en cuando, tímidamente dejaba caer la idea de que, quizá, si se unían, podían cambiar las cosas. Así, poco a poco, fue calando entre la plantilla la posibilidad de dar un paso, en apariencia pequeño, pero que nadie antes se había atrevido a dar en Starbucks.

Brisack no estaba sola. Siguiendo las pautas de Bensinger, seis personas más se habían infiltrado en otros Starbucks de la ciudad. Entre ellas estaba Arjae Rebmann, un simpatizante comunista y, como Brisack, muy cercano al movimiento de Sanders. Él también lo pasó mal en la entrevista. Justo antes de entrar, se dio cuenta de que se le había olvidado ponerse manga larga para tapar dos tatuajes que tenía en los brazos, uno de la hoz y el martillo y otro con la estrella rojinegra, y pasó los cuarenta minutos que duró la entrevista con los brazos cruzados. Brisack y Rebmann salen juntos en la foto histórica que celebra la sindicalización del Starbucks de Elmwood Avenue. Durante ocho meses y junto a cinco compañeros —Gianna Reeve, Lexi Rizzo, Michelle Eisen, Casey Moore y Brian Murray—, trabajaron desde dentro, combinando paciencia y empatía con las tácticas aprendidas en el manual de Labor Notes. Sin ese trabajo de infiltración, sin su constancia diaria, sin su manera de escuchar a los demás, el movimiento sindical en Starbucks sencillamente no habría sido posible.

El manual de Labor Notes es casi quirúrgico: hay que seguirlo al pie de la letra, paso a paso. Su primera norma es escuchar. Según la llamada «regla del 80/20», el organizador debe hablar solo un 20% del tiempo y dejar que el otro se exprese el resto. Solo así puede descubrir qué preocupa realmente a sus compañeros, qué los mueve y si son personas de confianza para hablarles de sindicatos. Rebmann recuerda las interminables conversaciones que mantuvo dentro de su coche, en el aparcamiento de su Starbucks, muchas de madrugada, siguiendo esa pauta de escucha paciente. El manual también impone otras reglas: nunca hablar de sindicalismo dentro del lugar de trabajo ni mencionarlo en las primeras conversaciones; buscar siempre espacios tranquilos y neutros; evitar cualquier gesto que pueda levantar sospechas. A partir de ahí, comienza la parte metódica, el «mapeo» del centro de trabajo: cada compañero debe situarse en un semáforo —verde, amarillo o rojo—, según su grado de disposición a organizarse. Los verdes son aliados potenciales, los amarillos, indecisos a los que hay que convencer, y los rojos, un riesgo que conviene mantener al margen. Hay que identificar, además, a los llamados «líderes orgánicos»: esas personas que, sin ocupar ningún cargo formal, son escuchadas por todos y marcan el clima del grupo. El éxito no depende tanto del organizador «infiltrado» como de encontrar a ese tipo de figuras y ganárselas para la causa. Jaz Brisack solía invitar a sus colegas a casa o a pasear; Arjae prefería los encuentros discretos en el aparcamiento. Durante ocho meses, repitieron el mismo patrón: escuchar, clasificar, acercar a los amarillos y esquivar a los rojos. Bastaba un desliz, una conversación inoportuna, para que todo el trabajo se viniera abajo. Si alguien alertaba de que se estaba hablando de sindicatos en el lugar de trabajo, habría represalias o, directamente, despidos.

Estados Unidos cuenta con una larga tradición antisindical: si bien hay leyes que intentan proteger el derecho a la sindicalización, heredadas de la década progresista de 1930, no se han actualizado, lo que hace que esa protección quede en papel mojado y el derecho a formar un sindicato no sea efectivo. En teoría, despedir a un trabajador por intentar sindicalizarse es ilegal, igual que hacerlo cuando ya se ha formado un comité. Sin embargo, en la práctica, las empresas lo hacen de todos modos: despiden a esos empleados y luego pagan la multa correspondiente o, si los trabajadores demandan, activan una maquinaria de abogados corporativos que alarga tanto el proceso que muchos acaban arruinados o rindiéndose por agotamiento. El camino hacia la sindicalización es tortuoso precisamente porque está diseñado para convertirlo en una quimera y hacer fracasar los esfuerzos de quienes lo intentan. No es necesario anunciar la sindicalización de un centro de trabajo ni hacer ningún comunicado público. Basta con reunir el apoyo del 30% de la plantilla para firmar las tarjetas de autorización y convocar elecciones sindicales. Pero, durante ese proceso de búsqueda, la empresa puede despedir a quienes lideran la iniciativa o incluso a toda la plantilla. Starbucks, de hecho, ha llegado a cerrar establecimientos para evitar que los trabajadores se organizaran. Una vez alcanzado ese 30%, el paso debe hacerse público: quien haya encabezado el proceso debe presentar las tarjetas ante la National Labor Relations Board (NLRB), una especie de inspección de trabajo, para que las certifique y fije la fecha de las elecciones. En ese punto, tanto al anunciar el apoyo del 30% como durante la certificación, la compañía todavía puede despedir a las personas implicadas. Solo cuando la NLRB ha validado las tarjetas y señalado una fecha para la votación, los despidos quedan, al menos en teoría, prohibidos. En la práctica, esta norma se vulnera constantemente.

En el periodo de tiempo entre que se anuncia la fecha de las elecciones sindicales y estas se llevan a cabo, comienza lo que se llama el *union busting:* unas tácticas antisindicales durísimas que van desde reuniones obligatorias con los trabajadores para difamar a los sindicatos y represalias salariales hasta despidos ilegales. Entre medias, hay un largo y creativo etcétera. Lo que hacen en este periodo de tiempo la mayoría de las compañías es contratar a empresas expertas en estas prácticas. Existen organizaciones que, hace un siglo, se dedicaban directamente a asesinar sindicalistas, como los Pinkerton, y otras que tienen a cargo de esas tácticas de presión antisindical a exagentes de recursos humanos del FBI y la CIA. Los Pinkerton se ganaron su fama encarcelando con pruebas falsas a sindicalistas como Haywood o liquidando a líderes como Frank Little, al que asesinaron en la ciudad minera de Butte, Montana, en 1917. Esta compañía fue una de las que contrató el CEO de Starbucks, Howard Schultz, cuando el Starbucks de Elmwood Avenue se sindicalizó a finales de 2021.

El último paso es la elección sindical, que hay que ganar por mayoría simple (más del 50% de los votos). Aquí, una vez que la NLRB certifica las elecciones —que, en la mayoría de los casos, son impugnadas por las compañías para que la sindicalización se retrase lo máximo posible— se vuelve ilegal el despido, aunque, como ya dijimos, hay compañías que lo hacen igualmente. Cuando se enfrentaron a la oleada del Nuevo Sindicalismo, Starbucks, y también Amazon, como veremos más adelante, echaron a trabajadores ya sindicalizados por el simple motivo de haber formado un sindicato.

La victoria en las elecciones sindicales significa que se ha formado un sindicato, pero ahí no termina el proceso. El siguiente paso es la firma de un «contrato» —un convenio colectivo— con la empresa tras unas negociaciones en las que ambos se reconocen. Llegados a este punto, muchas compañías prefieren ignorar el hecho de que se ha formado un sindicato en su interior y no negocian hasta que la NLRB les obliga; esta decisión depende de si el ejecutivo es favorable a los sindicatos o no. De hecho, el Starbucks Workers United se forma oficialmente cuando ganan las elecciones en el establecimiento de

Elmwood Avenue, a finales de 2021. Sin embargo, Starbucks ignoró a este sindicato durante tres años, hasta que la NLRB de Biden le obligó a sentarse y negociar a finales de 2024. Finalmente se firmó el convenio en febrero de 2025, con más de quinientas victorias sindicales. Fueron cuatro años duros, el sindicato ya estaba formado, pero no pudo conseguir ninguna mejora para sus afiliados. En otros momentos, esto habría significado la pérdida de *momentum* y la muerte técnica del sindicato, pero, con sus tácticas novedosas de presión en este interregno entre la victoria sindical y las negociaciones, el Nuevo Sindicalismo ha sabido mantener viva la llama.

Debido a estos riesgos y a posibles represalias, la táctica de Labor Notes, con o sin *salting,* es muy rigurosa: la primera fase, hasta lograr que el 30% de las tarjetas estén firmadas, debe realizarse en la clandestinidad. Las conversaciones con los compañeros se cuidan al detalle y siempre se hacen fuera del lugar de trabajo, para que ninguna palabra sobre sindicalismo pueda ser escuchada y arruine el enorme esfuerzo de los organizadores. Por eso, Brisack organizaba cenas en su casa y Arjae tenía largas charlas con sus compañeros dentro de su coche. Ellos coinciden en que esta fase es la más dura, pero también la más gratificante. Si se hace bien, hay mucho ganado.

***

Cuando Brisack recibió la llamada de Bensinger y decidió dejar Inglaterra por Búfalo para ayudarle, por muy convencida que estuviera de que se trataba del momento idóneo, difícilmente podía imaginar lo que vendría después: quinientos establecimientos sindicalizados en el seno de una compañía que hasta entonces había permanecido inaccesible al sindicalismo. Era la mayor sacudida del panorama laboral en el país desde los años ochenta.

En cuanto salió la noticia de la victoria del establecimiento de Elmwood Avenue en los medios nacionales y trascendió que había cinco establecimientos más pendientes de elecciones, empezaron a llegar los primeros mensajes de otros trabajadores de Starbucks que querían hablar con Brisack y Bensinger para intentar replicar su éxito en sus centros de trabajo. La primera persona que contactó con ellos fue Michelle Hejduk, trabajadora de un Starbucks de Mesa, Arizona. Le siguieron Sara Mughal, de Nueva Jersey, y Billie Adeosun, en Olympia, Washington. Tras estas primeras peticiones, en apenas unos meses llegaron a recibir cientos de correos de toda la geografía estadounidense pidiendo ayuda. Al principio, no supieron cómo responder: habían conseguido la victoria sindical infiltrándose, valiéndose únicamente de sí mismos. Solo habían conseguido un tímido apoyo del pequeño sindicato Workers United, que, a la vez, estaba afiliado a la central del sector servicios estadounidense, SEIU. Por eso, la organización recién fundada se llamó Starbucks Workers United. Pero más allá del nombre, no habían podido formalizar nada.

Las personas que lograron sindicalizar los primeros Starbucks, aun trabajando allí, pasaron a ser fundadoras y gestoras del Starbucks Workers United. Sin ninguna red de apoyo, empezaron a responder los correos que recibían de colegas que contaban su experiencia, proporcionando materiales de los talleres y desplazándose a los establecimientos que solicitaban ayuda para explicar las tácticas en persona. Finalmente, por una cuestión de gasto, y ante la persistencia de la pandemia, optaron por organizar videoconferencias masivas con todos aquellos que pedían asistencia, dando así inicio a talleres *online* impartidos por quienes, en su momento, habían aprendido directamente de Bensinger. Se había formado una bola de nieve que pronto se tradujo en un centenar de establecimientos sindicalizados y en un grupo creciente de sindicalistas que se formaban y entrenaban entre ellos. La información que los infiltrados de Búfalo habían recogido de sus colegas funcionaba y resultaba extrapolable al sentir general de los baristas de todo el país. Por eso, el proceso de mapeo se fue refinando: ya no duraba ocho meses, como en Elmwood Avenue; en algunos casos, bastaban unas semanas o unos pocos meses.

La extensión nacional del Starbucks Workers United no habría sido posible sin la existencia de una masa militante socialista que había sido politizada en las sucesivas campañas presidenciales del senador Bernie Sanders, de 2016 y 2020, y seducida por la congresista socialista Alexandria Ocasio-Cortez. Cuando los sindicalistas del Starbucks Workers United consiguieron las primeras victorias en Búfalo con la ayuda puntual de distintas agrupaciones de los Democratic Socialists of America, esta organización, que contaba con más de cien mil afiliados, se estaba consolidando en el principal partido de la izquierda estadounidense. Y esos cien mil afiliados anhelaban el resurgir del sindicalismo en Estados Unidos. De ahí que los afiliados del DSA fundaran en 2017 el proyecto DSA-Labor. La iniciativa se planteó en dos direcciones: por un lado, formar en sindicalismo a los militantes socialistas para que pudieran organizar sus propios espacios de trabajo; por otro, preparar una red de recursos y personas capacitadas que pudieran apoyar a cualquier sindicalista que lo necesitara en caso de que surgiera una oleada sindical en el país. Así, el DSA-Labor se convirtió en un instrumento clave tanto para la formación de sindicalistas como para asegurar la orientación claramente socialista de los nuevos sindicatos.

En marzo de 2020, aproximándose a lo que haría Bensinger un año más tarde, el DSA decide fundar el Emergency Workplace Organizing Committee (EWOC), en una sinergia con dos sindicatos radicales: el United Electrical (UE), de orientación socialista, y los ya mencionados *wobblies*, de orientación anarcosindicalista. Esta campaña consistía en la creación de un comité de sindicalistas que, llegado el momento, podrían enseñarles nuevas tácticas a todas aquellas personas que quisiesen formar un sindicato en sus espacios de trabajo. El EWOC tuvo muy poco éxito los dos primeros años, pero después de las victorias de Búfalo ha liderado 186 campañas de sindicalización victoriosas y se ha ganado el apoyo de congresistas como Ocasio-Cortez.

Si bien EWOC es una muestra del potencial del DSA-Labor para ayudar a la expansión del Nuevo Sindicalismo, no ha sido la campaña más destacada. A principios de 2022, el DSA-Labor puso en marcha Solidarity is Brewing (DSA for a Starbucks Union), una campaña destinada a servir como red de apoyo y expansión al sindicato Starbucks Workers United. En el mismo momento en el que se inicia esta campaña, ponen a disposición del sindicato de Starbucks más de ochenta agrupaciones del DSA para que sindicalicen cualquier establecimiento que les pida ayuda. Esta campaña contribuyó a crear una red de recursos humanos y materiales que los sindicalistas de Starbucks no podrían haber conseguido de ninguna otra manera.

A raíz de los primeros casos de éxito, surgió una «fiebre de Workers United»: trabajadores que se lanzan a sindicalizar sus pequeños centros de trabajo, desde cafeterías, clínicas veterinarias, peluquerías, etcétera, y que llaman a la organización que crean con el nombre de la compañía seguido de «Workers United» para replicar el movimiento que había empezado en Starbucks.

***

Como hemos visto, la victoria en las elecciones sindicales es importante, pero no es el fin del camino. Faltan varios pasos fundamentales, sobre todo, que la compañía reconozca a ese sindicato y se negocie un convenio, lo cual es necesario para que los trabajadores vean el sindicato como una herramienta que aporta mejoras concretas. De lo contrario, todo el movimiento sindical puede entrar en un largo punto muerto. También se ha de tener en cuenta la represión antisindical, tanto a aquellas personas que se han sindicalizado como a las que lo pretenden.

El tiempo que va desde la victoria de Elmwood Avenue hasta la firma del convenio, en febrero de 2025, es la historia de la construcción y expansión de un sindicato que lo tenía todo en contra: le negaban el reconocimiento y debía mostrar su utilidad sin poder negociar ni dar una recompensa a quienes se lo habían jugado todo. Desde 2021 hasta febrero de 2025, Starbucks despidió a más de cien trabajadores que lideraban los esfuerzos por sindicar sus establecimientos y cerró una veintena en los que la plantilla pretendía organizarse, al tiempo que no reconocía al sindicato y chantajeaba a los baristas subiendo un 25% los salarios de los empleados de los establecimientos que no estaban sindicalizados ni en proceso de hacerlo.

Lo que parecía la parte difícil —fundar el primer sindicato de la historia en Starbucks— resultó ser la más fácil. Lo realmente complicado era mantener con vida el sindicato y seguir expandiéndolo. Para esta labor, los sindicalistas de Starbucks Workers United tiraron de creatividad y de estrategias que, como descubrirían luego, contaban con una larga tradición en la historia del movimiento obrero estadounidense. Era normal: los centenares de sindicalistas de Starbucks eran prácticamente novatos y los habían formado otros trabajadores también novatos. Aun así, consiguieron mantener viva la llama.

Para sobreponerse a las dificultades, idearon tres tipos de acciones destinadas a dar visibilidad a sus problemas, mantener engrasado el sindicato y que sus afiliados viesen actividad y pudiesen conseguir nuevos apoyos. Acciones como huelgas esporádicas en algunos establecimientos para mostrar que, aunque el sindicato aún no podía negociar de tú a tú con la compañía, se estaban llevando a cabo acciones específicas que construían un relato y un objetivo: conseguir un convenio. Desde su nacimiento en 2021, Starbucks Workers United ha protagonizado centenares de huelgas esporádicas en sus cafeterías —reclamando mejoras concretas: mejores turnos, posibilidad de recibir propina con tarjeta, suelos blandos aptos para trabajos que exigen estar de pie muchas horas— con el único propósito de demostrar que, aunque no podían comenzar las negociaciones con la empresa, sí podían alcanzar pequeñas victorias. La única huelga centralizada y nacional se convocó a finales de 2024, cuando supieron que la NLRB había obligado a Starbucks a negociar con ellos. Esa huelga salió bien, precisamente, porque antes había habido otras más pequeñas que la habían engrasado.

Sin embargo, lo más interesante es la vida que estas personas desarrollaron a través del sindicato: habían logrado crear comunidad entre los propios trabajadores sindicalizados, los clientes y los colectivos sociales. Durante festividades como Halloween, Navidad, Acción de Gracias o San Patricio, el sindicato anunciaba una gran acción que solo se daba en las cafeterías sindicalizadas. Así, los baristas se sentían parte de un movimiento grande a nivel nacional y los clientes podían ver claramente cuáles eran los establecimientos sindicalizados y apoyarlos consumiendo en ellos. La acción nacional que dio más rédito fue la llamada «Red Cup Rebellion». En Starbucks, cuando se acerca la Navidad, comienza una de sus campañas de marketing más conocidas: los clientes reciben vasos rojos en lugar de los habituales de color verde. Desde el sindicato, se ideó una doble estrategia: por un lado, poner en huelga determinados establecimientos ese día, de modo que los clientes que acudían para conseguir el vaso rojo se encontraran con los piquetes y se enteraran de lo que sucedía; por otro, distribuir, tanto en la web como en las cafeterías, vasos rojos con el logo de Starbucks Workers United. La iniciativa, lanzada en 2023, resultó un éxito rotundo y se replicó al año siguiente con un impacto aún mayor. Por último, aprovechando que Starbucks se enorgullecía de promocionar la diversidad en sus cafeterías, los baristas sindicalizados decidieron visibilizar las demandas del colectivo LGBTIQ+, al que pertenecen la gran mayoría de ellos. Aunque en Estados Unidos no ha existido una izquierda «rojiparda» o antidiversidad, desde la extrema derecha se atacaba a la izquierda *woke* por «haber dejado de lado el avance de la clase trabajadora». La respuesta de las personas sindicalizadas fue reflejar la diversidad de género en sus huelgas. Lo hicieron a través del lema «*Be gay, do strikes*» o cambiando el color verde del logo del sindicato por los colores de la bandera LGBTIQ+. Este gesto ha sido muy valorado por el colectivo, ya que ha representado fielmente su lucha contra la discriminación y ha puesto en evidencia la hipocresía de Starbucks, que afirmaba apoyar al colectivo mientras retiraba del seguro médico la cobertura para personas trans.

El Nuevo Sindicalismo ha hecho esfuerzos por tejer redes con las organizaciones que le han precedido: Starbucks Workers United siempre ha participado en las huelgas de los sindicatos tradicionales para dar muestras de solidaridad, así como también ha recibido la visita y solidaridad de otros sindicatos. Esto se ha traducido en que el sindicalismo estadounidense ha vuelto a verse como un movimiento único, después de décadas de fragmentación y sin que se produjeran gestos de solidaridad entre ellos. Hay que señalar que el Starbucks Workers United no ha apoyado a los sindicatos conservadores, aunque estos, a pesar de las fricciones que puedan tener con la empresa, no hacen huelga porque suelen llegar a buenos acuerdos antes de convocarla.

En febrero de 2025, Starbucks Workers United inició las negociaciones con la compañía para conseguir ratificar su primer convenio con mejoras salariales, seguro médico, mejores turnos y que se pueda dejar la propina mediante tarjeta, pero no marchan bien. A principios de 2026, el sindicato sigue convocando huelgas nacionales intermitentes con las que reclama a la empresa que ceda, que continúen las negociaciones y se ratifique el convenio.

Starbucks Workers United fue el primer sindicato de Estados Unidos en posicionarse públicamente a favor de la causa palestina y mostrar su solidaridad tras el inicio del genocidio perpetrado por el Estado de Israel que siguió a los ataques de Hamás del 7 de octubre de 2023. Este gesto impulsó a otros sindicatos a tomar partido, y pronto se sumaron los principales sindicatos radicales del país, incluido el United Auto Workers (UAW), adoptando una posición clara en contra del genocidio y a favor de los derechos humanos y del embargo total de armas por parte de Estados Unidos a Israel.

## El caso de Amazon: la rebelión de las «almas desesperadas»

Amazon, el segundo mayor empleador privado de Estados Unidos —solo por detrás de Walmart—, cuenta con alrededor de un millón y medio de empleados en todo el mundo. La historia del crecimiento de esta compañía consta de algunos de los elementos clásicos del sueño americano y, como suele suceder, también de algunos pequeños detalles que lo contradicen: la madre de Jeff Bezos tenía diecisiete años cuando dio a luz. De su padre biológico se sabe poco más que el nombre. Años después, Miguel Bezos, un acaudalado empresario cubano e hijo de vallisoletanos, se casó con su madre y le dio su apellido y su protección.

Jeff Bezos creó Amazon en 1994, en el garaje de su casa, pero no puede decirse que lo hiciera exactamente desde abajo. En un principio, su idea era sencilla: vender libros. No tanto por una vocación cultural como porque los libros son productos fáciles de almacenar, empaquetar y enviar. En torno al año 2000, la empresa dio un paso decisivo al abrir su plataforma a vendedores externos, permitiendo que minoristas independientes ofrecieran sus productos junto a los de Amazon, lo que amplió enormemente la variedad de productos disponibles y cimentó el modelo de mercado digital que conocemos hoy. A la par, la expansión internacional se aceleró: entre 2000 y 2002, los ingresos por ventas fuera de Estados Unidos pasaron de 381 millones de dólares a más de 1.100, un crecimiento vertiginoso que consolidaba a la compañía de Bezos como un actor global. Para 2014, los vendedores externos ya representaban más del 40% de las unidades vendidas y habían despachado más de 2.000 millones de productos en todo el mundo. Sin embargo, y cada vez más, el nombre de Amazon no se asocia solo a crecimiento y rapidez de entrega, sino también a presión, vigilancia, condiciones laborales draconianas y una firme oposición a la organización de los trabajadores. El propio Jeff Bezos escribió lo siguiente en una carta que envió en 2020 a sus accionistas, en la que valoraba el impacto de la pandemia:

> Quien lea algunos de los reportajes aparecidos en los medios podría pensar que no nos preocupamos por nuestros empleados. En esos artículos, a veces se acusa a nuestros trabajadores de ser almas desesperadas y se les retrata como si fueran robots. Eso no es cierto. Son personas sofisticadas y reflexivas, que tienen opciones a la hora de elegir dónde trabajar. Cuando les preguntamos a los empleados de los centros logísticos, el 94% afirma que recomendaría Amazon a un amigo como lugar para trabajar.

Si esto es así, cuesta entender por qué se estima que la compañía ha invertido más de cuatro millones de dólares en consultorías antisindicales. Una estrategia que le dio resultado hasta abril de 2022, fecha en la que Chris Smalls y Derrick Palmer, dos trabajadores del almacén JFK8, en Staten Island, Nueva York, consiguieron burlar las defensas de la empresa y apuntarse la primera gran victoria para los trabajadores. Antes de lograr este triunfo, la realidad es que en Amazon hubo aún más intentos fallidos de sindicalización que en Starbucks, debido a la propia composición demográfica y racial de sus trabajadores —la mayoría con bajos ingresos—, a los riesgos inherentes al trabajo en los almacenes y a que los sindicatos tradicionales veían más desafiante doblegar a una compañía como Amazon, ya que su plantilla no tiene una rotación tan alta como la de Starbucks. Por otro lado, así como la sindicalización de Starbucks no se entiende sin las luchas del colectivo LGBTIQ+, para explicar la de Amazon es imprescindible situarla en el contexto del movimiento Black Lives Matter y las protestas antirracistas, dado que la mayoría de los empleados en sus almacenes son personas negras.

Al igual que Bensinger y sus infiltrados aprendieron de los errores de los *wobblies* en la década de 2010, los trabajadores que fundaron Amazon Labor Union aprendieron de otros fracasos, que, en este caso, se produjeron apenas unos meses antes y también en un contexto que muchos sindicalistas diagnosticaron como favorable. El más notable fue el del almacén de Bessemer, Alabama, en 2020, marcado, al igual que en Starbucks, por el contexto de la covid-19. También hubo intentos de sindicalización por parte de sindicatos menores independientes e incluso de la central de la AFL-CIO, pero se trata de casos con una menor relevancia, puesto que el fiasco fue tan incontestable que no se pudo extraer ningún aprendizaje.

La trayectoria del Nuevo Sindicalismo en Amazon es compleja y se desarrolló en un tiempo sorprendentemente breve. Los sindicalistas que acabarían logrando la victoria tuvieron que analizar a contrarreloj, pero con mucho detalle, los fracasos de sus compañeros. Apenas unos meses después del pinchazo de Bessemer, empezó el proceso en el almacén JFK8. Por eso, la victoria de Amazon Labor Union ha redefinido la lucha sindical dentro del gigante tecnológico estadounidense: sus líderes fueron lo suficientemente astutos como para aprender de los fallos iniciales y rescatar tácticas organizativas de ochenta años atrás, adaptando su estrategia a medida que iban cambiando las circunstancias.

El éxito de Amazon Labor Union difiere en muchos aspectos del de Starbucks Workers United. Este último supo expandirse, consolidar un movimiento y sindicalizar quinientos establecimientos. El primero pudo sindicalizar un almacén de miles de trabajadores, lo cual es más complicado, pero fue incapaz de expandirse a otros centros de trabajo. Sin embargo, es una muestra de la influencia que tuvo el Nuevo Sindicalismo para presionar a las organizaciones tradicionales y conseguir que muchas de ellas, como Teamsters, fundado en 1903, considerasen una opción viable sindicalizar a trabajadores de Amazon y diseñasen campañas específicas para ello.

Antes del éxito de Amazon Labor Union, la sindicalización de los trabajadores de la compañía de Bezos parecía una misión imposible. ¿Cuáles fueron las condiciones clave que permitieron que se activase la lucha sindical en Amazon? Si en Starbucks se había dado un cúmulo de factores, que pasan por la pandemia, la ultrapolitización de los jóvenes y la censura de sus chapas politizadas, en Amazon el detonante fue la controvertida figura del trabajador esencial. Tanto en el caso del almacén de Bessemer como en el de JFK8, una vez iniciado el proceso, el tejido formado por las agrupaciones del Black Lives Matter fue la red que apoyó decisivamente a los trabajadores en su esfuerzo por sindicarse y sirvió de inspiración para probar nuevas tácticas. La otra gran diferencia entre los dos procesos es que el movimiento sindical en Starbucks fue inducido, como si se diseñara en un laboratorio donde se manejaban las distintas variables, mientras que en Amazon se trató de un movimiento «de rescate» de trabajadores descontentos que habían iniciado acciones de protesta y que sopesaban la posibilidad de montar un sindicato.

Cuando estalló la crisis de la covid-19 y se confinó a la población, Amazon aprovechó la oportunidad de oro que se abría para una empresa de comercio electrónico y envío de paquetería. Enseguida catalogó a sus empleados de almacén como «trabajadores esenciales» para que pudiesen seguir trabajando dentro de las normativas de confinamiento de algunos estados. Sin embargo, este nuevo estatus no se acompañaba, en muchos casos, de las medidas sanitarias adecuadas, de mejoras en el seguro médico ni de incrementos salariales acordes al riesgo al que se exponían los trabajadores. Las protestas se extendieron por distintos almacenes del país, y cobraron especial fuerza en Bessemer y en el JFK8, los dos almacenes que se convertirían en los epicentros del sindicalismo en la compañía. Ambos casos terminaron mal para los trabajadores, con la salvedad de que en el JFK8 se pudieron recomponer del primer golpe e idearon una estrategia de sindicalización híbrida entre lo sucedido en Bessemer y el *salting* del Starbucks Workers United.

Bessemer se encuentra en el cinturón industrial de Alabama. Se trata de una ciudad con alma obrera de apenas 25.000 habitantes, el 70% de ellos negros. Su nombre recuerda al magnate del acero Henry Bessemer y evoca las oleadas de migrantes que llegaron atraídos por las minas, los hornos y las acerías. Aún se conservan los barrios construidos alrededor de fábricas, comercios familiares que han sobrevivido a décadas de vaivenes económicos y una memoria colectiva marcada por la resistencia. Hoy, esa historia se mezcla con la presencia del enorme almacén de Amazon, inaugurado en plena pandemia, que concentra casi seis mil empleos de los que depende gran parte de la población. Las protestas del Black Lives Matter conectaron aquí con una tradición de organización y lucha anterior al asesinato de George Floyd. En lo político, Bessemer es un enclave demócrata dentro de un estado sólidamente republicano; un terreno fértil, aunque desigual, para una campaña sindical como la que estaba a punto de comenzar.

Los trabajadores de Amazon siempre han sido un objetivo prioritario para los sindicatos, debido a las condiciones extremadamente duras a las que se enfrentan: turnos de diez horas, descansos escasos y cronometrados, seguimiento constante de su actividad mediante pulseras y medidas de seguridad insuficientes, lo que convierte el trabajo en el almacén en un empleo de alto riesgo. A esto hay que sumar el hecho de que, durante la pandemia, Bezos obligó a trabajar a sus empleados sin mascarillas a cambio de un pequeño plus salarial. Cuando este incentivo se eliminó, a principios de 2021, estallaron las protestas.

En el Retail, Wholesale and Department Store Union (RWDSU), un pequeño sindicato de Bessemer dedicado al sector servicios, se movieron con rapidez y se ofrecieron a intentar sindicalizar a los casi seis mil trabajadores del almacén. Sus organizadores sindicales, junto a voluntarios de la agrupación Black Lives Matter, rescataron una estrategia utilizada por los sindicalistas comunistas y socialistas en la década de 1930: en vista de que Bessemer era una ciudad negra y religiosa, y que el apoyo de esta comunidad era imprescindible, apostaron por la técnica llamada *whole-worker* o «trabajador integral». Esta estrategia organizativa parte de reconocer a los trabajadores no solo por el rol que desempeñan en el lugar de trabajo, sino también como miembros activos de sus comunidades, con necesidades y relaciones que trascienden lo laboral. En otras palabras, busca involucrarlos en todos los aspectos de su vida, construyendo comunidades alrededor del proceso de sindicalización. En el caso de Bessemer, esto implicaba trabajar con la agrupación Black Lives Matter, con otros vecinos comprometidos contra el racismo, con las iglesias a las que los trabajadores asistían los domingos y con los pequeños empresarios locales. Solo congregando estas redes de apoyo pudieron avanzar hacia la sindicalización de manera efectiva.

Esta estrategia del «trabajador integral» ha sido recurrente en la historia sindical negra del país. Antes de Bessemer, se utilizó en el sindicato de profesores de Chicago, cuando estos se pusieron en huelga en 2012 y decidieron que la única manera de ganar una huelga en la que no podían cuidar ni educar a los niños y niñas era involucrar a sus padres. Se organizaron barbacoas y se creó una comunidad en la que profesores en huelga y progenitores cuidaban a los niños en los piquetes. Esto también sirvió de protección: ningún cargo institucional mandaría a la policía a reprimir una línea de piquetes donde había menores.

Sin embargo, gracias al libro *No hay atajos: Organizar el poder sindical*, de la sindicalista Jane McAlevey —publicado originalmente en 2016 y en España en 2024—, la técnica volvió a estar de actualidad y fue recuperada por el Nuevo Sindicalismo. McAlevey rescata y refina esta estrategia al presentarla a través de experiencias recientes de éxito y fracaso para que todo sindicalista pueda copiarla. Su tesis enfatiza que los sindicatos deben movilizar a sus miembros no solo en el ámbito laboral, sino también en sus comunidades, construyendo así un poder colectivo más robusto. De hecho, ella entiende a los sindicatos como la verdadera palanca de cambio, instituciones de poder que deben aglutinar toda la vida cotidiana en sus diversas facetas. Por lo tanto, la labor principal del sindicato es mantener conversaciones individuales en las que identificar y abordar las preocupaciones más apremiantes de las personas que se quieren sindicalizar, aunque dichas preocupaciones no estén relacionadas con el entorno laboral. Con este método se busca que los trabajadores reconozcan que sus luchas no están aisladas y que la acción colectiva es la vía para lograr cambios significativos.

El enfoque de McAlevey está profundamente enraizado en el movimiento obrero estadounidense, particularmente, en el de la década de 1930, cuando se formó el sindicato UAW. En aquella época, los trabajadores de la industria automotriz sufrían condiciones laborales muy precarias: salarios bajos, largas y extenuantes jornadas y el riesgo continuo de sufrir un accidente laboral mortal. La noche del 29 de diciembre de 1936, los obreros hicieron una sentada dentro de las plantas de Fisher Body de General Motors y Chevrolet en la ciudad de Flint, Michigan: al controlar el interior impedían la entrada de esquiroles para que las fábricas continuasen funcionando y protegían la maquinaria, mientras en el exterior la ciudad se organizaba. Las familias levantaron cocinas, cajas de resistencia y turnos de guardería; iglesias y comercios aportaron víveres; la Brigada de Emergencia de Mujeres —encabezada por activistas locales— organizó piquetes masivos, además de pensar y crear la logística que introducía en la planta comida y mantas por ventanas y portones. Cuando la policía intentó desalojarla, la movilización comunitaria y los sólidos piquetes frenaron los avances. El gobernador Frank Murphy se negó a usar a la Guardia Nacional para romper la huelga y forzó a General Motors a negociar. Tras seis semanas de asedio —la huelga terminó el 11 de febrero de 1937—, la empresa reconoció al UAW, sentando un precedente: la victoria no se debió solo a la «táctica» de ocupar el centro de trabajo, sino a una arquitectura social de apoyo —familias, vecinos, iglesias, comercios— que se integró desde el inicio en la estrategia sindical.

Con esta estrategia en mente, los sindicalistas de Bessemer se pusieron a distribuir alimentos para los más necesitados de la comunidad junto a las iglesias y pequeños comercios, y organizaron pícnics comunitarios para explicar, no solo los conflictos de quienes trabajaban en Amazon, sino cómo sus problemas se transferían a la comunidad. Una parte importante del proceso fueron las reuniones con los líderes comunitarios, claves para involucrar a todos los estamentos de la pequeña ciudad. Sin embargo, este esfuerzo por fortalecer la cohesión de los trabajadores acabó frustrado cuando los medios de comunicación empezaron a informar sobre el poderoso movimiento comunitario que se estaba creando en torno a un proceso de sindicalización. El caso empezó a conocerse y varios políticos se desplazaron a Bessemer. Bernie Sanders, Alexandria Ocasio-Cortez o Nina Turner fueron los representantes del ala más izquierdista del Partido Demócrata que viajaron hasta allí o, al menos, que apoyaron vivamente el proceso. Esto provocó que muchos trabajadores, líderes religiosos y pequeños comerciantes, cuya simpatía se habían ido ganando con la estrategia del trabajo integral, tuviesen dudas sobre la sindicalización, al verla ahora como un paso demasiado radical en un contexto laboral tan precario como el suyo. Tras meses de negociaciones, campañas y sensibilización, llegó el momento de las elecciones sindicales. La votación se perdió por tan solo 118 votos, un duro golpe para los sindicalistas y para todos los trabajadores involucrados. La derrota, sin embargo, dejaba claro que las estrategias eran efectivas y podían replicarse de manera más cuidada. Tomaron nota: no debían parecer excesivamente politizados o radicales y no había que llamar a los medios de comunicación.

***

Mientras los trabajadores de Bessemer protestaban por sus precarias condiciones laborales, los sueldos bajos y la poca protección contra la covid-19, a miles de kilómetros de allí, en un almacén de Amazon en Nueva York, los trabajadores se quejaban de la falta de mascarillas y de que les habían quitado el plus que cobraban por peligrosidad de dos dólares por hora.

Aquí se unen las historias de Starbucks Workers United y Amazon Labor Union. Una sección neoyorquina del Partido Comunista estadounidense, que se llevaba bien con el DSA, estaba al tanto de la infiltración de sindicalistas entrenados por Bensinger en Búfalo y decidió infiltrar a una militante suya, Justine Medina, en ese almacén de Nueva York. La primera tarea de Medina fue mapear un almacén donde trabajaban miles de personas y encontrar a los líderes orgánicos para ponerlos al frente de los esfuerzos y fundar el primer sindicato de la compañía. Después de varias charlas con sus compañeros, supo que se trataba de los ya citados Chris Smalls y Derrick Palmer. Casi toda la plantilla hablaba de ellos con mucho respeto. Pero había un problema: los habían despedido meses antes.

Chris Smalls llegó a Amazon en 2015 y trabajó como asistente de procesos en el almacén JFK8. Antes de entrar en la compañía de Bezos, había encadenado diversos empleos y también había intentado iniciar una breve carrera como rapero. Su papel dentro de la empresa cambió el 30 de marzo de 2020, cuando fue despedido por liderar una protesta que reclamaba mejores medidas de seguridad durante la pandemia. El despido lo convirtió en un referente y símbolo de la lucha por los derechos de los trabajadores en la empresa. Por su parte, Derrick Palmer empezó a trabajar en 2015, tras haber dejado la universidad, en un almacén de Amazon en Nueva Jersey. De allí pasó a JFK8, donde conoció a Smalls y rápidamente se hicieron amigos. Cuando despidieron a Smalls, entre los dos decidieron que Palmer seguiría trabajando desde dentro un tiempo más. Así, su experiencia como formador le proporcionaría un conocimiento detallado de los turnos y de los posibles líderes orgánicos dentro del almacén, información clave para lo que se traían entre manos.

Medina terminó por encontrarlos y entre los tres idearon la estrategia que daría origen a Amazon Labor Union. Fijándose en el caso de Bessemer, se plantearon la necesidad de crear una comunidad fuera del entorno laboral, de lo que se encargarían Smalls y Palmer. En paralelo, había que organizar a los trabajadores susceptibles de sindicalizarse, labor que llevaría a cabo Medina. Su táctica consistió en establecer primero una conexión orgánica, auténtica y sólida entre los trabajadores. Esto solo podían hacerlo los líderes orgánicos despedidos. En la parada del autobús que los empleados del almacén JFK8 tomaban a diario, Smalls y Palmer comenzaron a desarrollar una campaña lenta, pero decidida, de concienciación sindical y creación de vínculos. Durante casi un año ofrecieron gratuitamente café y sándwiches a sus antiguos compañeros. A diferencia del intento en Bessemer, evitaron cualquier asociación explícita con figuras políticas. Contaban con el apoyo de activistas vinculados al Partido Comunista, pero los trabajadores no los identificaban como miembros del partido. La idea de dar desayunos gratis en aquella parada de autobús la copiaron, al igual que ocurrió en Bessemer, del Black Lives Matter, que había hecho un trabajo de barrio muy similar, lo cual favoreció que personas del movimiento se acercasen a apoyar la campaña emprendida por Smalls y Palmer.

El esfuerzo paciente dio sus frutos. En lugar de generar desconfianza o temor entre los trabajadores —al fin y al cabo, estaban hablando con gente a la que habían despedido por protestar—, la estrategia permitió generar un espacio de diálogo abierto y de confianza mutua. Smalls y Palmer insistieron en enfocar la sindicalización no como una cuestión ideológica o radical, sino como una herramienta concreta y práctica con la que mejorar sus condiciones laborales, la seguridad sanitaria, los salarios, la dignidad en el trabajo y, en definitiva, sus comunidades.

La histórica victoria sobre Amazon, una de las empresas más poderosas e icónicas del país, marcó un punto de inflexión en el Nuevo Sindicalismo: generó tal atención nacional e internacional que hizo que no solo se viese esta experiencia como una referencia para otros almacenes en Estados Unidos, sino como una prueba de que había un movimiento obrero que renacía más allá de los éxitos logrados en la multinacional del café. Al igual que pasó en Starbucks

Workers United, Smalls y Palmer recibieron numerosas llamadas de trabajadores de otros almacenes de Amazon que querían seguir su camino. Hubo cuatro intentos claros: todos consiguieron llegar a las elecciones sindicales, pero todos perdieron debido a la feroz campaña de la compañía que, entre 2022 y 2023, se gastó más de diez millones de dólares en *union busting*. En los meses siguientes a las elecciones de JFK8, Amazon intentó impugnar en varias ocasiones el resultado ante la NLRB, lo que mantuvo en el aire la victoria hasta que dos años después falló a favor del sindicato.

En 2024, fruto tanto de su principal debilidad —haber fallado en su expansión— como de su punto fuerte —ser el único sindicato que ha conseguido su objetivo en Amazon—, Amazon Labor Union decidió sumar fuerzas con Teamsters, el sindicato de paquetería por excelencia en el país y uno de los más influyentes políticamente. Esta coalición les ha permitido a ambos hacer campañas a gran escala para sindicalizar a empleados de otros almacenes, así como a conductores de Amazon y sacar adelante la huelga de Navidad. Hoy, tanto Smalls como Palmer han dado un paso al lado en su liderazgo, aunque están muy conectados con el sindicato y allá donde van intentan promocionarlo y difundir las tácticas que les permitieron fundarlo. Aunque en su momento entendieron que no había que mostrar el sindicato como una organización radical, una vez abandonaron su cargo, hicieron viajes internacionales y mítines con partidos comunistas de Europa y Latinoamérica. A mediados de 2025, Smalls se sumó a la Coalición de la Flotilla de la Libertad para llevar ayuda humanitaria a Gaza, donde fue arrestado y retenido en una prisión israelí durante cuatro días. Amazon Labor Union es miembro fundador de la coalición que pide el embargo total de armas a Israel.

### El caso de la industria del videojuego: los artistas contra Wall Street

En 2018, dos años antes de la pandemia, el sector del videojuego, una de las industrias culturales más lucrativas e innovadoras, sufría una profunda crisis estructural, que se alargó hasta 2022. La financiarización del sector había incrementado la precariedad y generado una oleada de despidos, a la vez que se mostraba incapaz de poner freno a una cultura de trabajo profundamente tóxica y machista. Mientras los videojuegos seguían generando miles de millones de beneficio, el descontento de los trabajadores crecía. Era solo cuestión de tiempo que empezaran a organizarse.

La gran diferencia entre los procesos de sindicalización de Starbucks, Amazon y la industria del videojuego es que, mientras que en los dos primeros fueron los trabajadores quienes organizaron el sindicato desde dentro, sin apenas recursos, en la industria del videojuego el trabajo se hizo directamente desde la junta del principal sindicato de telecomunicaciones del país, el Communications Workers of America (CWA), con una campaña específica destinada a ramificarse en el sector del videojuego.

¿Cómo se une este inmenso esfuerzo del CWA con el Nuevo Sindicalismo? Aunque discurrieron en paralelo, el CWA optó por que fueran los trabajadores quienes lideraran el proceso, dejando atrás el modelo tradicional del sindicato, que consistía en contratar a personas específicas que dirigiesen el proceso desde fuera. La campaña impulsada por el CWA en enero de 2020, conocida como CODE (Campaign to Organize Digital Employees), si bien se benefició de la oleada de primeras sindicalizaciones en Starbucks y Amazon, con las que compartía diagnóstico, posee unos rasgos específicos: los trabajadores reclamaron más control en sus creaciones y que les dieran más voz para hacer frente a las tendencias dominantes de la industria. Pero no eligieron un lugar cualquiera, sino que lo hicieron en uno de los paneles de la Game Developers Conference, la mayor conferencia de la industria, que va rotando entre ciudades de Estados Unidos, China o Europa. En 2018 se celebraba en San Francisco. Al tratarse, *a priori*, de un lugar políticamente neutro, nadie esperaba que tuviera lugar una reivindicación laboral. Sin embargo, fue allí donde Tom Smith, director de sindicalización del CWA, reunió a desarrolladores para hablar de lo que estaba pasando. Los asistentes cuentan que este panel fue un punto de inflexión. Cuando los trabajadores que habían asistido volvieron a su lugar de trabajo y hablaron con sus compañeros, prácticamente todos estuvieron de acuerdo en que Smith había acertado de pleno con el diagnóstico. Su análisis era sencillo: la llegada del capital financiero de Wall Street estaba destruyendo la industria. Lo que antes era un sector eminentemente cultural y de entretenimiento, que buscaba la excelencia a través de productos bien construidos artísticamente —es decir, con un buen guion y un buen desarrollo—, se estaba convirtiendo en un mero producto de mercado, cuyo único propósito era vender, tener buena publicidad y crear el siguiente producto sin pensar qué tipo de videojuego se quería desarrollar. Había que maximizar beneficios a toda costa. Ya no mandaban los clientes que compraban el videojuego y exigían cierta calidad, ahora eran los accionistas quienes demandaban un mínimo de ventas o una nota alta en las reseñas de revistas especializadas, con el fin de que el estudio se revalorizase o que determinada franquicia siguiese viva. En un pasado no muy lejano, la industria contaba con miles de títulos de distintos presupuestos, lo cual daba oportunidades a pequeños desarrolladores. Sin embargo, ahora solo estaba interesada en hacer juegos triple A, que requieren entre tres y cinco años de desarrollo y millones de presupuesto. Este cambio expulsaba a los pequeños estudios o los obligaba a integrarse dentro de otros más grandes, limitando su creatividad.

El diagnóstico económico de Smith era inequívocamente certero, pero si logró poner en marcha un movimiento fue porque supo conjugarlo con el factor emocional y humano. El CWA apeló al orgullo de los propios desarrolladores que habían visto su creatividad recortada al imponerles unos mandatos que sentían ajenos. Además, interpelaba a los clientes: si querían videojuegos como los de antes, tendrían que apoyar a los trabajadores de la industria.

En el imponente Moscone Center de San Francisco, donde se celebraba la Game Developers Conference, lanzaron la idea de que la industria global del videojuego, pero especialmente la estadounidense, estaba atravesando una transformación dramática. El predominio del sector financiero y los fondos de inversión en la toma de decisiones empresariales había modificado profundamente el sector, apartando a los trabajadores de la toma de decisiones y empobreciendo el desarrollo creativo de los productos. Una queja común de los trabajadores ha sido que estos fondos de inversión solo se fijan en juegos triple A —GTA V o Red Dead Redemption II—, por la cantidad de copias vendidas y por contar con los estándares más altos de la industria. Los trabajadores criticaban el hecho de que parecía que el único vínculo de los nuevos amos de la industria con el sector era haber visto a sus hijos seguir en Twitch a gente jugar al GTA, y pensaban que todo era igual. En resumen, los trabajadores de la industria se habían dado cuenta de que los dueños de esos fondos de inversión no tenían ni idea de cómo se desarrollaba un videojuego. Si antes de 2018, cada año salían unos pocos videojuegos triple A, desde 2020 se han multiplicado. Esa dinámica enseguida se volvió contraproducente, porque los videojuegos se tapaban unos a otros, reduciendo su margen de ventas en un mercado asfixiado por productos similares.

En la conferencia de San Francisco, los trabajadores advirtieron que esta financiarización, que afectaba a la mayoría de los estudios grandes, como Electronic Arts, Activision Blizzard, Ubisoft o Take-Two Interactive, acabaría matando a la industria, porque los fondos operan únicamente bajo la lógica del beneficio inmediato y las ganancias trimestrales. Esto provoca que, desde las juntas de las empresas, se tomen decisiones abruptas: despidos masivos, cierre de estudios o reducción sistemática de recursos destinados al desarrollo creativo, lo que alarga las jornadas de los trabajadores. En la industria esto se conoce como *crunch*: el sobreesfuerzo cuando hay que sacar un videojuego en un plazo corto.

Los trabajadores reunidos en San Francisco anunciaron lo que pasaría si las compañías no corregían este rumbo: saldrían juegos al mercado sin estar preparados (como pasó con *Cyberpunk 2077*) y compañías míticas, como Ubisoft, se verían condenadas a sacar y exprimir franquicias año tras año, sin capacidad de ofrecer nada nuevo, lo que terminaría generando pérdidas generalizadas y el cierre de algún gigante de la industria. Uno de los aspectos más visibles de esta financiarización ha sido el nacimiento del modelo de microtransacciones y servicios de suscripción como principal fuente de ingresos, en vez de las ventas del producto. Este cambio ha provocado que muchos videojuegos se diseñen específicamente para fomentar el gasto recurrente del usuario, en lugar de centrarse en la innovación creativa o la calidad narrativa. En muchos casos, este enfoque ha llevado a prácticas éticamente cuestionables, como la manipulación psicológica —regular los niveles de dificultad del videojuego según se haya invertido más o menos en microtransacciones—, para incentivar la compra compulsiva de elementos digitales, y una creciente desconfianza por parte de la comunidad de jugadores y de desarrolladores que ha afectado a la reputación de algunas empresas del sector. Otra de las quejas de los desarrolladores se basaba en que los trabajadores se encontraban atrapados en una disyuntiva fatal: o bien se pasaba a un modelo de microtransacciones, en el que la creatividad era sustituida por una dudosa ética, o bien a un modelo triple A, que se medía con metas arbitrarias de ventas o con cierto puntaje del videojuego en revistas especializadas. En más de una ocasión, se ha despedido a trabajadores porque el videojuego —creado bajo una presión constante— no ha llegado a obtener una buena calificación en *Metacritic*, la mayor revista de la industria, o no se ha conseguido vender el número de copias esperado.

El mismo año que Tom Smith y sus compañeros denunciaron la situación crítica que afronta la industria, salió al mercado el *Red Dead Redemption II.* Este lanzamiento de la compañía Rockstar supuso una auténtica revolución técnica. Disparó las posibilidades de los videojuegos de mundo abierto, era auténticamente inmersivo, tenía un guion muy pulido y encandiló tanto a los fans de la franquicia como a nuevos jugadores. Pero la auténtica revolución llegó cuando sus trabajadores contaron —públicamente en entrevistas con la prensa especializada y también de forma anónima— cómo se había conseguido esa excelencia: con jornadas laborales extremas e insostenibles para cumplir con los plazos cada vez más ajustados que imponían los inversores y accionistas. Muchos trabajadores denunciaron que, durante semanas, para no retrasar la fecha de lanzamiento, tuvieron que hacer jornadas de cien horas semanales o más, lo que afectó a su salud física y emocional.

Cuando esta información salió a la luz, muchos jugadores se solidarizaron con los trabajadores, sobre todo en mensajes de protesta contra la compañía en redes sociales como X y en foros de Reddit: si había supuesto semejante sufrimiento humano, no querían un producto como *Red Dead Redemption II*. La solidaridad de estos clientes con los desarrolladores hizo pensar a Tom Smith y a otros compañeros que había mimbres para intentar llevar a cabo una sindicalización que se ganase el apoyo del público y de los trabajadores.

En enero de 2020, apenas dos meses antes de la pandemia, el CWA lanzó la campaña CODE-CWA para sindicalizar a toda la industria del videojuego con una pedagogía muy clara de cara a los clientes: si conseguimos sindicatos, los trabajadores serán más libres para explorar su creatividad, acabaremos con el control financiero de la industria y los consumidores tendrán videojuegos más creativos e innovadores. CODE-CWA se anunció al público con este objetivo: mejorar la industria del videojuego y sus productos a través de la sindicalización. Mientras, presentó un programa de derechos laborales mínimos por los que iban a luchar una vez se constituyeran los sindicatos.

El programa de CODE-CWA prestaba mucha atención a la salud mental, que era lo que más les interesaba a los trabajadores del sector y lo que más apoyo suscitaba en la comunidad. Se pedía poner límites estrictos al *crunch*, no realizar más de un número pactado de horas semanales, cobrar un plus sustancioso por todas las horas extras, estipular tiempos libres garantizados en épocas de sobrecarga, acceso a terapia psicológica y programas de salud mental financiados por la empresa, así como garantizar el teletrabajo. Con el nacimiento de la IA, se añadirá otra demanda: que los trabajadores controlen específicamente cómo se implanta este recurso para que la creatividad a la hora de desarrollar un videojuego siga siendo humana y evitar despidos y productos de baja calidad.

Este programa de mínimos fue muy bien recibido. Incluso hubo empresas que, ante el temor de que las protestas crecieran, concedieron todo lo demandado, a cambio, eso sí, de que no se fundasen sindicatos en su interior. Fue el caso de Take-Two Interactive, dueña de Rockstar, que prometió acabar con las prácticas de *crunch* y ofrecer terapia psicológica dentro de sus oficinas. Este paso gustó tanto a los trabajadores como a los clientes, que expresaron su satisfacción de forma dispersa en redes, foros oficiales y reseñas en tiendas especializadas. A pesar de ello, los organizadores del CWA eran conscientes de la volubilidad de aquella comunidad de apoyo. Tenían que trabajar a fondo para que se entendiese que, más allá de los logros puntuales, el objetivo último debía ser crear estructuras duraderas; es decir, un sindicato. De lo contrario, cuando el foco de atención de la comunidad se desplazara a otro sitio, los trabajadores no tendrían nada.

El primer hito de toma de conciencia de la comunidad *gamer* se había producido en 2021, cuando estalló el escándalo de la «cultura de las fraternidades» en Activision Blizzard. Varios trabajadores denunciaron a la compañía ante el Departamento de Empleo de California por fomentar un entorno laboral hostil para las mujeres y trabajadores LGBTIQ+, donde había brecha salarial, el acoso sexual era generalizado, se sucedían las novatadas de estilo universitario, los chistes ofensivos eran recurrentes y cualquier queja sufría represalias. Los dueños de Blizzard emprendieron una torpe defensa en los medios. El 22 de julio de ese año, la empresa emitió un comunicado en el que calificaba las acusaciones como «distorsionadas y, en muchos casos, falsas». Al mismo tiempo, la vicepresidenta ejecutiva de Blizzard, Frances Townsend, envió un correo interno a la plantilla, en el que tildaba la demanda de «mentirosa e irresponsable». Defendieron que todo se estaba malinterpretando y que Blizzard era una empresa perfecta donde trabajar, cuya cultura empresarial era un legado de la cultura de las fraternidades universitarias. Sus explicaciones hicieron que salieran a la luz más testimonios de trabajadores, lo que hizo que muchos jugadores protestasen y se acelerase el proceso de sindicalización. Por otro lado, las líderes del movimiento denunciaron que habían sufrido acoso sexual y presenciado humillaciones a trabajadoras trans.

Un año después, el 21 de enero de 2022, los trabajadores de control de calidad de Raven Software, el estudio al que pertenece Blizzard, crearon la Game Workers Alliance (GWA), el primer sindicato reconocido en la industria, que ganó las elecciones sindicales con el 86% de votos a favor. Muchos jugadores aplaudían la creación del sindicato, y en redes sociales empujaban para que el sindicalismo entrase a fondo en sus empresas favoritas. Por su parte, Blizzard bloqueó el proceso y los trabajadores sindicalizados tuvieron que esperar a la compra de la compañía por parte del gigante Microsoft para que su sindicato fuese reconocido y pudiesen erradicar la cultura de las fraternidades.

Tras la victoria, la GWA se convirtió en el primer sindicato creado en la industria del videojuego, lo que desencadenó que muchos trabajadores iniciaran ese mismo proceso en otros estudios. De hecho, Proletariat, otro estudio de Activision, consiguió su sindicalización a finales del 2022, y la fiebre sindicalista se extendió a compañías importantes, como Bethesda o la japonesa SEGA, mientras que otros gigantes de la industria tomaron el camino iniciado por Take-Two Interactive y concedieron todas las demandas a su plantilla a cambio de que no se sindicalizasen sus empresas.

***

Mientras el movimiento sindical avanzaba a lo largo y ancho del país —tanto en Starbucks como en Amazon y en la industria del videojuego—, el 2 de mayo de 2023, los guionistas estadounidenses se pusieron en huelga para protestar contra la introducción de la IA en el sector y reclamar mejoras salariales acordes con los enormes beneficios que estaban generando las plataformas de *streaming*. La huelga duró seis meses y contó con el apoyo de las organizaciones recién creadas del Nuevo Sindicalismo. Pero lo verdaderamente significativo fue el convenio que consiguieron firmar. La IA ya se estaba implementando en algunas productoras para crear nuevos guiones, traducciones o mejorar aspectos gráficos de las películas y series. De ahí que una de las grandes demandas de la huelga fuera que los trabajadores, mediante el sindicato, pudiesen tener acceso a cómo se usaba esta nueva herramienta y prohibir su aplicación en determinados aspectos del trabajo.

La industria del videojuego tampoco tardó en utilizar la IA en distintas fases de su producción. La amenaza para ciertos trabajos creativos se volvía transversal en el sector cultural. En este contexto, los trabajadores de SEGA, que a duras penas lograban avances en su lucha por fundar un sindicato, incluyeron en su programa sindical lo conseguido por los guionistas respecto a la IA. Esto supuso el empujón definitivo para que, con un 77% de los votos, ganaran las elecciones. En julio de 2023, se fundó el sindicato en SEGA. La compañía, no tan beligerante como otras, reconoció sin problemas el resultado y, en la firma de convenio, se plasmó el programa de mínimos de CODE-CWA y se compartió con el sindicato el control de implementación de la IA. El sindicato formado en SEGA se convertía en el primero de la industria del videojuego en ser reconocido y ganar un convenio favorable para sus trabajadores. La victoria dio alas al proceso sindical, que siguió su curso. A principios de 2024, el macroestudio de *testers* Zenimax, perteneciente a Bethesda, se sindicalizaba por casi unanimidad con el mismo programa y se expandía por la compañía, creando el sindicato OneBGS, que Microsoft, dueña de Bethesda, reconoció inmediatamente.

Sindicalistas de la GWA, como Tom Smith o Jessica González, han reconocido en diversas entrevistas que el apoyo de la comunidad de jugadores fue vital para que el Nuevo Sindicalismo triunfase. Aunque se han fundado sindicatos en varias compañías y otras han concedido las demandas con las que se fundó CODE-CWA, la mayor parte de los trabajadores del sector sigue sin sindicalizar y el deterioro de la financiarización se ha vuelto más agresivo en 2024 y 2025. Hoy sigue habiendo tímidos intentos de fundar sindicatos en la industria, pero todos los esfuerzos están puestos en que los ya existentes sean reconocidos y consigan sus convenios cuanto antes para insuflarle más vida al movimiento.

# 5. El sindicalismo tradicional reacciona

¿Podría el Nuevo Sindicalismo haber trascendido sus éxitos puntuales sin la colaboración del sindicalismo tradicional? ¿Y podría el sindicalismo tradicional alcanzar sectores más recientes, alejados del mundo industrial y con una plantilla más joven, sin la actualización de ciertos enfoques que han traído las nuevas generaciones? Aunque se perciban como dos movimientos muy diferenciados, y aunque haya habido fricciones entre ellos, estas dos facciones se necesitan mutuamente para seguir cosechando éxitos. De hecho, las fricciones entre el sindicalismo tradicional y el Nuevo Sindicalismo han sido esenciales para que el primero recuperase un poco de nervio y conflictividad laboral, al ver que el último le «robaba» militantes y conseguía mejores convenios. Sin la competencia entre las dos formas de hacer sindicalismo, y sin la síntesis de ambas que logró el sindicato del motor UAW, no estaríamos hablando de una «nueva oleada sindical» en Estados Unidos.

Uno de los logros más importantes de este movimiento emergente es que obligó a los sindicatos tradicionales a posicionarse: apoyar o no la nueva oleada, reformarse, adoptar o no las nuevas estrategias y, en definitiva, salir o no a sindicalizar masivamente. El Nuevo Sindicalismo contribuyó de manera decisiva a la transformación de dos de los sindicatos con más peso histórico y más fuerza en la actualidad: Teamsters y UAW. A raíz de sus éxitos, ambas organizaciones apostaron por salir a sindicar sus sectores y promovieron reformas internas cruciales. Aunque esto último lo hicieron de maneras casi opuestas. Veamos las particularidades de cada una.

## El caso de Teamsters: de arriba a abajo

La victoria en el almacén JFK8 de Amazon marcó un antes y un después, especialmente en el sector de la logística, paquetería y comercio electrónico. Se había abierto una ventana en lo que parecía un bloque de hormigón: la compañía de Bezos se podía sindicalizar. El terremoto se dejó sentir particularmente en Teamsters, que había intentado antes entrar en Amazon con muy escaso éxito.

Fundado en 1903, Teamsters es uno de los sindicatos más antiguos y poderosos de Estados Unidos. En un principio, era un sindicato para los conductores de carruajes tirados por caballos, de ahí su logo, que incluye dos caballos y una rueda de carro. La organización eclosionó con el desarrollo de la industria automotriz y, sobre todo, cuando los camiones empezaron a dominar el transporte por carretera, de forma que terminó por convertirse en la organización de referencia para los trabajadores del transporte. Teamsters tuvo una etapa dorada y, a la vez, plagada de corrupción, durante los años en los que Jimmy Hoffa dirigía el sindicato con mano de hierro. En las décadas de 1950 y 1960, fue casi el único sindicato del transporte. Pero, al mismo tiempo que conseguían grandes avances para los trabajadores del gremio, desarrollaron vínculos con la mafia que ensuciaron su nombre y el del sindicalismo durante décadas. La desaparición de Hoffa en 1975, en «condiciones misteriosas» relacionadas con la corrupción, supuso una derrota inconmensurable. Desde entonces, Teamsters ha intentado limpiar su imagen, reformar sus prácticas internas y desarrollar una estructura robusta, donde las bases tienen un poder significativo. En la actualidad, cuenta con más de medio millón de afiliados en los sectores de transporte, logística, almacenes y construcción. Sin embargo, los intentos por renovar la organización no han llegado tan lejos como se pretendía, debido en parte a las tensiones internas, a las continuadas acusaciones de autoritarismo y corrupción, pero también a que los sectores que sindicaliza suelen ser bastante conservadores.

A pesar de su historia convulsa, Teamsters ha demostrado gran capacidad de adaptación y ha sido capaz de organizar campañas de sindicalización exitosas y de mejorar los derechos laborales mediante duras negociaciones colectivas que han escrito algunas de las páginas más gloriosas de los libros de la historia sindical estadounidense. Si no hubiese sido por esa gran labor en la defensa de sus afiliados, probablemente el sindicato habría acabado sepultado bajo los numerosos casos de corrupción.

Dentro de la organización coexisten distintas tendencias ideológicas. De hecho, Teamsters es una viva muestra de la diversidad del sindicalismo estadounidense: organizaciones que la mayoría de las veces no tienen una tendencia política clara y que, como en el caso de Teamsters, sus líderes pueden hacerse fotos con Trump y con Biden. Existe una facción progresista infiltrada, compuesta por militantes del DSA, que se vio fortalecida con la llegada de Sean O'Brien a la dirección en 2022. O'Brien supo combinar un impulso renovador con las señas de identidad tradicionales del sindicato, pues era hijo, nieto y bisnieto de camioneros, todos ellos miembros de la organización. Su perfil es bastante polémico, ya que, por un lado, representa a la corriente sindical más combativa, con un carácter más agresivo frente a las grandes corporaciones, una defensa de derechos laborales más amplios y mayor implicación política en causas de justicia social como el antirracismo, la igualdad de género y la emergencia climática. Pero, al mismo tiempo, defiende la importancia de ganarse la confianza de Trump y también de asistir a convenciones republicanas. A ojos de O'Brien, ambas facetas no son contradictorias: debe hacerse fotos con Trump como respuesta a las secciones más conservadoras de su sindicato, aunque su sello sea la combatividad contra las grandes compañías del país. Él representa como nadie la diversidad política de su sindicato: puede aparecer en mítines con el senador Bernie Sanders, asistir a sus comités en defensa del sindicalismo y retar a senadores republicanos a una pelea a puñetazos en el Senado. Al mismo tiempo, es el único representante sindical que asistió a la gala de coronación de Donald Trump como candidato presidencial en 2024.

Y es que Teamsters cuenta con una facción muy conservadora, incluso reaccionaria, de la que participa cierta base obrera blanca tradicional que asume los discursos populistas de la *alt-right* y hunde sus raíces en ese Teamsters de Hoffa, donde había camioneros que, con el beneplácito de la dirección, trabajaban para la mafia a cambio de un porcentaje sobre el valor de la mercancía. Este sector, aunque minoritario, intenta poner el énfasis únicamente en la seguridad laboral y no en la justicia social ni en el resto de temas de lo que perciben como la agenda *woke*. Igualmente, esta corriente, al ser nacionalista, tiene bastantes reservas acerca de la cooperación internacional a nivel sindical y de la ayuda a sindicatos independientes. Si bien es una facción minoritaria, ha conseguido que O'Brien tenga que verse con el presidente republicano en diversas ocasiones y que se votase democráticamente si el sindicato tenía que apoyar en las últimas elecciones a Harris o Trump. Finalmente, las ganaron los conservadores, que lograron bloquear el apoyo a la candidata demócrata.

En este contexto de enfrentamiento ideológico, la victoria de Amazon Labor Union (ALU) aumentó la presión sobre Teamsters para que optase por darle el liderazgo a la facción progresista y se abriese a tejer nuevas alianzas. Teamsters había realizado algunos intentos «convencionales» de sindicalizar Amazon, pero todos habían fracasado. Hasta que la organización sindical, recién creada y casi sin recursos, dejó al descubierto los puntos débiles del gigante del comercio electrónico.

Además, de joven, ALU era un sindicato vinculado al antirracismo y la lucha LGBTIQ+, que había recibido el apoyo de comunistas como Justine Medina. Para seguir ganando las elecciones, O'Brien no tuvo más remedio que presentarse con una postura mucho más agresiva y abierta a las nuevas corrientes ideológicas y estratégicas.

Como otros sindicatos, Teamsters supo leer correctamente que el contexto de la pandemia era propicio para sindicalizar. Con este impulso lanzó el «Proyecto Amazon» en 2021, que no llegó a buen puerto, entre otras cosas, porque se apoyaba en tácticas obsoletas. Tras la victoria de ALU, Teamsters empezó a formar a sindicalistas en los talleres de Labor Notes, lo que le permitió lanzar campañas intensivas de sindicalización, mucho más fructíferas entre conductores de Amazon en ciudades como Chicago, Los Ángeles y Atlanta. Con este cambio, la facción progresista adquirió más fuerza que nunca: tenían el liderazgo, habían conseguido renovar su manual, formaban a nuevos miembros y la propia organización se mostraba más receptiva a la cooperación con agentes externos. Fruto de estas nuevas alianzas es la campaña «Logistics», puesta en marcha por DSA para apoyar a la sección de Teamsters que representaba a los trabajadores de la compañía de paquetería UPS y que estaba tomada por la militancia del DSA.

Para dicha campaña se había desarrollado una estrategia muy medida. En septiembre de 2023 expiraba el convenio colectivo de UPS y Teamsters debía negociar uno nuevo. En vista del giro a la izquierda de la organización, se adivinaba que sería una negociación dura. Y lo fue. En la primera reunión con la empresa, el sindicato dejó claras sus exigencias: una subida salarial del 25%, la obligación de que todas las furgonetas tuvieran aire acondicionado y la eliminación del sistema de control mediante cámaras en los vehículos. Los representantes de la compañía se levantaron de la mesa y la sección de Teamsters consultó a sus afiliados si debían ir a la huelga. Votaron que sí, abriendo la posibilidad de una huelga masiva —la mayor huelga convocada desde 1997—, que apelaba a más de 340.000 trabajadores.

Teamsters llevó a cabo huelgas pequeñas en distintos centros de trabajo para comprobar que, efectivamente, contaban con la capacidad logística y el apoyo de los trabajadores. Esta estrategia pertenecía al repertorio aprendido del Nuevo Sindicalismo, que ya había demostrado su utilidad, y funcionó en buena medida gracias a la implicación de la militancia del DSA, que se volcó, y al apoyo de secciones de Starbucks Workers United. Con el fin de evitar una huelga de consecuencias imprevisibles, UPS cedió. La firma del convenio fue histórica y desencadenó la «fiebre del 25%»: numerosos sindicatos que debían renegociar sus convenios ese año incluían entre sus demandas subidas salariales del 25%. La victoria de Amazon Labor Union no solo había servido para mejorar las condiciones del JFK8, sino que amenazaba con propagarse y propiciar una renovación de las estrategias sindicales y una revisión al alza de los objetivos en sindicatos tradicionales como Teamsters. En 2024, después de casi un año de conversaciones, ALU decidió afiliarse a Teamsters para, manteniendo su nombre y cierta autonomía, ampliar su capacidad de incidencia.

## El caso de United Auto Workers: de abajo a arriba

El emblemático sindicato United Auto Workers representa lo mejor y lo peor del sindicalismo estadounidense: la combatividad y defensa de la clase trabajadora en ciertas etapas de su historia y la concesión, rendición y absoluta traición en otras. UAW se fundó en 1935, en la emblemática ciudad industrial de Detroit, en pleno auge del movimiento obrero y al calor de los impulsos económicos e industrializadores del *New Deal* de Roosevelt (1933-1945). Pero, aunque surge en un contexto bastante favorable, este sindicato no lo tendrá fácil, debido a sus coqueteos con el socialismo democrático y al hecho de que contaba en su seno con miles de comunistas, en comparación con los otros sindicatos de la época. De hecho, tuvo que luchar su reconocimiento como sindicato durante todo un año.

Desde el principio, fue notable su contraste con los sindicatos predominantes entonces, afiliados a la American Federation of Labor, mucho más proclives a la rendición ante las compañías y reticentes, casi siempre, a la confrontación directa con la patronal. En ese sentido, los fundadores de UAW son herederos directos de la tradición radical de los *wobblies* y su esquema sindical industrial. El sindicato consiguió su reconocimiento social en la ya citada huelga de 1936 contra el gigante de la industria del automóvil General Motors, en Flint, Michigan. El que fuera una huelga histórica no se debió a la victoria en sí misma, sino a que demostró que la militancia radical del UAW estaba dispuesta a cambiar la forma de organizar los sindicatos y las huelgas con el objetivo final de ganarlas. Fue precisamente en Michigan donde se inventó la huelga de ocupación [*sit down strike*]. Hasta entonces, la huelga que se había dado por antonomasia tanto en el movimiento obrero nacional como internacional funcionaba de otra forma: los trabajadores abandonaban la fábrica o el centro de trabajo y construían líneas de piquetes en los alrededores para evitar que los esquiroles pudiesen entrar a trabajar. Si bien esta práctica era efectiva en breves periodos de tiempo, se podía romper fácilmente si se acababa con la línea de piquetes o se contrataba a esquiroles. Además, resultaba agotadora para los huelguistas, que tenían que hacer larguísimos turnos de vigilancia que erosionaban sus fuerzas.

Ante estos déficits, y en un momento especialmente convulso —las huelgas se multiplicaban, pero casi todas se perdían—, decidieron ensayar una táctica nueva: los trabajadores en huelga pasarían a ocupar la fábrica. Si permanecían dentro, ningún esquirol podría acceder para reactivar la producción. Así evitaban montar líneas de piquetes y, sobre todo, desgastarse vigilando las entradas. Los comunistas empezaron a teorizar sobre esta táctica para incorporarla a sus manuales organizativos: era necesario contar con el apoyo de las familias para llevar comida a los ocupantes, se implicaba a la comunidad en el conflicto y se desactivaba la división entre los huelguistas y el resto de la sociedad. Este tipo de intervención acabaría integrándose bajo el término de *whole worker* o «trabajador integral», que, como hemos visto, terminaría recuperando el Nuevo Sindicalismo.

La huelga de Flint se ganó gracias a una renovación metodológica radical que pilló desprevenida a la empresa. A partir de ahí, UAW se expandió por otros gigantes de la industria del motor, como Ford y Chrysler, y consiguió convenios colectivos históricos que mejoraron durante décadas la calidad de vida de los trabajadores del automóvil: mejores salarios, mejor sistema de pensión y sanidad y mejores condiciones en materia de seguridad. Con la llegada de la posguerra y la Guerra Fría, las élites del país colocaron al sindicalismo en su punto de mira, pero UAW aguantó la represión gracias a su férrea militancia y a los logros que jalonaban su historial. Es más, consiguió hacer frente a la persecución política de los miles de comunistas y socialistas que engrosaban sus filas en los años cincuenta y sesenta.

La lucha de clases y el consiguiente adoctrinamiento por prácticamente todos los medios eran una realidad en los Estados Unidos de esos años. Sin embargo, hubo un líder del sindicato, Walter Reuther, que destacó por su habilidad para sortear el control y ser capaz incluso de aumentar el poder de la organización. Consiguió introducir a formadores comunistas en sus filas, a la vez que mantenía buenas relaciones con el Partido Demócrata, jactándose de que a los comunistas los tenía «bien controlados». Reuther también fue uno de los primeros sindicalistas que dieron el paso de impulsar desde las filas de su organización la lucha por los derechos civiles de las personas negras y de las mujeres, uniendo así la historia del sindicato con la lucha por la igualdad y la diversidad.

En los años setenta y ochenta, con la expansión de la doctrina neoliberal, UAW sufrió las mismas derrotas que el resto del sindicalismo, y entró en una espiral de autodestrucción que acabó con su tradición más combativa, convirtiéndolo en el sindicato amarillo por excelencia del país. Si bien este proceso de degradación fue paulatino, el sindicato firmó su derrota más penosa en lo peor de la crisis de 2008, cuando la Administración Obama rescató a la industria del motor y exigió a sus trabajadores recortes brutales en sus derechos. Los líderes de UAW firmaron unos convenios que implicaban el recorte de las pensiones, contratos precarios, despidos masivos y la congelación de los sueldos durante más de diez años, sin posibilidad de negociación en ese periodo, aunque la situación económica mejorase.

La militancia de UAW se armó de paciencia, convencida de que atravesaban las horas más bajas del sindicato, hasta que, entre 2017 y 2021, entraron en un periodo aún más oscuro. En 2017 se publicaron las primeras acusaciones de corrupción, de malversación de fondos y de mal manejo financiero por parte de varios líderes sindicales; una serie de revelaciones que culminaron con el ingreso en prisión de algunos presidentes y secretarios de la organización. Si bien UAW no tenía vínculos con organizaciones criminales, como sí sucedía en el caso de Teamsters, en diciembre de 2020, debido a la corrupción generalizada y a la imposibilidad de que la organización se regenerase por sí sola, el Departamento de Justicia intervino el sindicato. Durante todo un año, el Estado se dedicó a revisar sus cuentas, a investigar a sus líderes y cargos medios y marcó el camino para democratizar la estructura y poner punto final a la intervención. En noviembre de 2021, siguiendo la recomendación del Departamento de Justicia, se decidió por referéndum que el liderazgo de UAW se eligiese mediante sufragio directo de todos sus militantes, en lugar de a través de delegados, procedimiento que había permitido la corrupción y la compra de favores. El 64% de los votos reclamaba que se abriera un nuevo capítulo, más horizontal, en la historia de la organización. El Departamento de Justicia siguió supervisando el sindicato hasta que, en la primavera de 2023, se celebraron las elecciones a la presidencia.

Cuando en 2017 aparecieron las primeras acusaciones de corrupción, varios militantes decidieron fundar una nueva agrupación dentro de la organización, a la que llamaron UAW Members United, con la que querían limpiar la imagen pública del sindicato, ganar la combatividad perdida y desterrar la corrupción. Durante unos cuatro años, esta agrupación se mantuvo con una estructura relativamente pequeña. Sin embargo, la intervención del Departamento de Justicia le dio la oportunidad de aplicar sus reivindicaciones y elegir a sus líderes mediante sufragio directo. Con el viento de cola del Nuevo Sindicalismo, aprovecharon su ventana de oportunidad para crecer y disputar el liderazgo del sindicato.

El caso de la UAW presenta una peculiaridad: aunque es el sindicato de los trabajadores de la industria del automóvil, también agrupa a los estudiantes posdoctorales del país. La sindicalización en la universidad fue un paso casi lógico, porque cada vez más estudiantes trabajaban en las plantas como ingenieros, planificando y diseñando la producción. La sección posdoctoral, al ser la más reciente y la que contaba con gente más joven, era también la menos lastrada por las viejas dinámicas de corrupción. Además, gracias al ciclo de politización de 2016-2020, fue la que mejor acogió el surgimiento del Nuevo Sindicalismo y la posibilidad de que la dirección del sindicato fuera elegida directamente por la militancia. Por eso, UAW Members United se nutrió durante mucho tiempo de estudiantes posdoctorales. De hecho, fueron ellos quienes se movilizaron con más energía durante la campaña de 2021 para aprobar en referéndum la obligatoriedad de elegir a los líderes mediante voto directo.

UAW Members United también creció entre los propios trabajadores de la industria del motor que querían cambiar desde dentro la organización. Estos decidieron que se presentarían a las elecciones de la primavera de 2023 y comenzaron a trabajar, gracias al ya citado libro de McAlevey *No hay atajos: Organizar el poder sindical*, para reconquistar el sindicato sección a sección. La escisión se presentó a estas elecciones con un programa muy claro y con una nueva cara para liderar el sindicato: Shawn Fain, un líder intermedio que había sido señalado durante la crisis de 2008 por exigir una huelga y negarse a firmar aquel convenio draconiano.

Fain tenía algo más de cincuenta años, era electricista de profesión y se definía como un hombre sencillo, de los que aún guardan en la cartera la vieja tarjeta sindical de su abuelo para no olvidar de dónde vienen. En lo personal, era reservado, casi austero, pero en campaña mostraba un perfil moral muy marcado. Hablaba sin rodeos, se reivindicaba heredero de la tradición radical del sindicalismo estadounidense y citaba con soltura a los pensadores de la izquierda comunista, con una fijación peculiar por los Panteras Negras y Malcolm X. Su campaña se articuló en torno a un programa de cinco puntos, sencillo pero cargado de resonancias históricas dentro del sindicato:

1. Eliminación total de la corrupción interna, con auditorías externas regulares.
2. Defensa sin cortapisas de los derechos laborales, incluida la supresión del sistema salarial dual [*two-tier system*] que divide a los trabajadores.
3. Transparencia plena en las negociaciones colectivas.
4. Recuperación de una tradición sindical militante, con la huelga como herramienta central.
5. Reducción drástica de los privilegios económicos de la alta dirigencia sindical.

El programa fue recibido con entusiasmo por la base, pero generó rechazo entre la antigua dirección y entre los medios de comunicación, que lo tacharon de ingenuo, disruptivo o directamente suicida para la estabilidad del sindicato. El *establishment* de la organización presentó como candidato a Ray Curry, presidente en funciones, que encarnaba la continuidad institucional y la apuesta por la negociación como único camino posible. Curry contaba con el respaldo del aparato, el favor de la prensa y una copiosa financiación de donantes externos —probablemente, también de la propia patronal—. La polarización fue inmediata.

Por su parte, el equipo de Fain contaba con recursos muy limitados. Para compensarlo, recurrieron a lo que sabían hacer: sindicalizar su propio sindicato. Concentraron esfuerzos en las secciones indecisas, se encontraron con trabas de la antigua dirección y, ante el bloqueo, apostaron por herramientas nuevas: *streamings* improvisados en Facebook, directos desde aparcamientos de fábrica y mítines relámpago en las puertas de las plantas para explicar su programa y denunciar la deriva burocrática de la UAW. La campaña fue feroz y el resultado casi un milagro. Fain ganó por apenas el 1% de los votos, una diferencia tan estrecha que Curry exigió recuentos adicionales antes de aceptar la derrota. Aquella victoria mínima reveló dos cosas: la profunda fractura del sindicato y el surgimiento de un relevo generacional, cultural y político dispuesto a disputarle la dirección al aparato histórico.

***

El éxito de la reforma de abajo a arriba de UAW tiene el sello del Nuevo Sindicalismo, no solamente por el *momentum* que generaron Starbucks Workers United y Amazon Labor Union, que dieron calor y contexto a la militancia de UAW que quería cambiar las cosas en su organización, sino que fue vital porque UAW Members United pudo renovar el arsenal metodológico para «conquistar» secciones de UAW para sí misma y poder precipitar la victoria electoral de Shawn Fain en un sindicato que llevaba décadas necrosándose.

Actualmente, Fain es una institución en Estados Unidos, pero su figura representa, ante todo, la personificación de la fuerza de un proyecto colectivo, como a él le gusta recordar en sus entrevistas. Con su victoria, culminó un trabajo de años de UAW Members United, con el que se quería lograr una refundación democrática que pusiera al sindicato en sintonía con los nuevos tiempos. Esta facción acababa de conseguir que un sindicato histórico, con un millón de militantes, se sumara a las filas del Nuevo Sindicalismo. Aun así, no había mucho tiempo para celebraciones. En apenas cuatro meses, debían renegociarse los convenios con las llamadas *big three*: General Motors, Ford y Stellantis. Fain sabía que no podía permitirse una huelga convencional —un sindicato dividido difícilmente aguanta un pulso largo—, pero también tenía claro que debía exhibir fuerza desde el primer día. Aquella batalla pondría a prueba si su proyecto reformista podía realmente cambiar las cosas.

# 6. Los trabajadores del motor contra las *big three*

## La huelga escalonada: un antes y un después

Cuando Shawn Fain asumió la presidencia del UAW en 2023, heredó una organización fracturada, desacreditada ante la opinión pública y aletargada tras años de sindicalismo acomodado. Pese a la imagen de renovación que traía consigo, el contexto no podía ser más adverso: a los pocos meses de asumir el cargo, debía enfrentarse a una negociación clave con Ford, General Motors y Stellantis, en representación de más de trescientos mil trabajadores del sector automotriz. Para engrasar la maquinaria, Fain recurrió a un viejo amigo: Richard Bensinger, antiguo miembro de la UAW que había abandonado la organización, hastiado por su conservadurismo. Ahora formaba a jóvenes sindicalistas en el Nuevo Sindicalismo, y su experiencia en campañas de base era un activo decisivo. Lo nombró secretario de organización, formación y nuevas campañas.

Con Bensinger, más el grupo de militantes que había impulsado la renovación interna, Fain se encontró por primera vez con un equipo capaz de revitalizar la UAW, consciente de que, para recomponer la estructura interna, era necesario fijar una meta común que uniera a la militancia. Y esa meta era conseguir un convenio fuerte en septiembre. En paralelo, endurecieron el discurso hacia las empresas. Fain no tardó en asumir un papel inusualmente político para un dirigente sindical estadounidense, apuntando directamente a los CEO que se habían subido el sueldo entre el 30% y el 50%. La propuesta fue contundente: si los ejecutivos se suben el salario un 30%, los trabajadores deben obtener exactamente la misma subida. La apuesta, con un claro tono populista de izquierda al estilo Bernie Sanders, surtió efecto. El sindicato, hasta entonces desunido, encontró un enemigo común y un objetivo claro. La fractura interna comenzó a cerrarse. Pero esa cohesión recién adquirida se enfrentaría pronto a un dilema aún mayor.

El verano de 2023 se acercaba y la posibilidad de una huelga cobraba peso. Las compañías no iban a aceptar sin más una subida del 30%, y Fain no podía dar marcha atrás sin traicionar sus promesas. El problema era que el UAW no estaba preparado para una huelga en las tres compañías a la vez. Pese al entusiasmo de su base y los dieciocho millones de dólares en su caja de resistencia, una huelga clásica podía quebrarse por cualquier lado. Tampoco podían seleccionar una sola compañía para paralizarla, dejando fuera al resto de las empresas. El ajustado resultado de las últimas elecciones revelaba una fractura muy importante. En ese cruce de caminos —claudicar o lanzarse a una huelga sin garantías—, el equipo directivo optó por otra vía: reinventar la forma de hacer huelga. No sería la primera vez: en 1936, el UAW ya había cambiado el paradigma con las huelgas de ocupación. ¿Por qué no volver a innovar? Dos semanas antes del plazo límite, nació la idea de una huelga escalonada: la *stand up strike*. El concepto era simple: si no puedes poner a trescientas mil personas en huelga a la vez, organiza tandas de cinco mil a diez mil por semana. Así, se mantiene la tensión, se evita agotar recursos y se logra que la atención mediática y política se concentre semana a semana. Además, la expectativa jugaba a su favor: cada viernes, cualquier planta podía ser «la elegida». Ese formato dosificaba la presión y, al mismo tiempo, mantenía a toda la base en alerta, incluso ilusionada.

La táctica tenía un riesgo: pequeñas dosis de paro no bastaban para frenar a gigantes como Ford o GM. Por eso, el equipo de Fain mapeó minuciosamente las fábricas, sus centros de producción, de distribución y los puntos críticos de las cadenas logísticas. La consigna era clara: cada grupo de huelguistas debía detener sectores estratégicos capaces de bloquear la producción general, incluso en plantas que seguían operando. Ese aspecto —el diseño preciso de los paros— se mantuvo oculto. Se presentó al público como una especie de sorteo semanal, anunciado en *streaming* por Fain, con sus habituales citas de Malcolm X o Newton incluidas. La campaña se completó con la dinámica de presión negociadora del palo y la zanahoria. Si una empresa hacía avances en las conversaciones, se la «recompensaba» sin agregarle nuevas plantas en huelga. Si se atrincheraba, se la golpeaba.

El 15 de septiembre se activó el primer paro: la huelga tendría lugar en tres plantas clave, con trece mil trabajadores, una en cada compañía. Una semana después, se sumaron 5.600 empleados, más de treinta y ocho centros logísticos de GM y Stellantis. Ford, en cambio, quedó excluida temporalmente, porque se mostró abierta a negociar. El efecto fue inmediato: cada viernes se convirtió en una cita tensa, militantes, periodistas y ejecutivos seguían en directo los anuncios mientras, en las fábricas, el rumor del sorteo creaba una mezcla de ansiedad y entusiasmo. En pocas semanas, el UAW había conseguido que todo el país —desde las bases hasta las cúpulas empresariales— prestara atención a cada movimiento del sindicato. En solo seis semanas, las tres compañías capitularon. La producción estaba paralizada y apenas se habían movilizado cuarenta mil trabajadores. La huelga fue un éxito rotundo. No solo alcanzó conquistas concretas —el aumento de sueldo inmediato del 11% y el 25% acumulado, la eliminación del sistema de salarios duales y programas piloto de jornadas de 32 horas—, sino también un reposicionamiento del UAW como actor esencial en lo sindical y en lo político. El respaldo simbólico del presidente Joe Biden, que se sumó a una línea de piquetes —algo inédito en la historia del país—, selló la importancia del momento.

Uno de los logros menos visibles, pero más decisivos, fue la inclusión en el nuevo convenio de las plantas de vehículos eléctricos y baterías, que hasta entonces habían quedado fuera de la representación sindical por maniobras empresariales. Este punto formaba parte de una estrategia más amplia: blindar a la clase trabajadora frente a los discursos reaccionarios que vinculaban la transición ecológica con la pérdida de trabajos. Fain, consciente de que sectores de la ultraderecha habían intentado sembrar el miedo entre los trabajadores del motor, defendió desde el inicio que la transformación verde debía hacerse con y para la clase trabajadora. Incluso después de la huelga, el UAW lanzó un documento de carácter político que abría la puerta a usar fondos sindicales para comprar plantas y fundar cooperativas ecosocialistas. Pero no todo quedó en el terreno de lo ecológico. Fain también desafió el discurso reaccionario contra la diversidad: en sus transmisiones semanales aparecía con camisetas de apoyo al colectivo LGBTIQ+ o al sindicato Starbucks Workers United. En un momento donde la ultraderecha intentaba contraponer al «hombre de mono azul» con la pluralidad identitaria, UAW se mostraba como un espacio inclusivo y orgulloso de la diversidad de la clase trabajadora estadounidense.

El año 2023 marcó un antes y un después. No solo se cambió el modelo de huelga en Estados Unidos, sino que se consolidó el surgimiento del Nuevo Sindicalismo: más político, más inclusivo y profundamente conectado con las luchas sociales del presente. Fain, convertido en una figura nacional, no tardó en aparecer apoyando a otros sindicatos, a referentes como Bernie Sanders, Alexandria Ocasio-Cortez o Zohran Mamdani, e incluso liderando protestas contra el genocidio en Gaza. En definitiva, la victoria del UAW no se trató solo de una conquista laboral, sino que fue la carta de presentación del Nuevo Sindicalismo, una corriente renovadora que pone en el centro una idea poderosa: el trabajo organizado todavía tiene la capacidad de transformar las cosas.

Además de su carácter simbólico, los logros materiales de la huelga fueron contundentes y se convirtieron en el punto de partida para cientos de sindicatos en distintos sectores. Uno de los focos más visibles fue el sector hotelero. En Las Vegas, el sindicato Culinary Workers Union (CWU), uno de los más fuertes de Nevada, lanzó una campaña masiva que involucró a más de cincuenta mil trabajadores de hoteles y restaurantes. La exigencia era clara: incremento del 25% del salario, reducción de la jornada y mejoras en salud laboral. La amenaza de replicar la estrategia del UAW con una huelga escalonada fue suficiente para que los grandes hoteles cedieran. No hizo falta paralizar nada, bastó con mostrar músculo organizativo y aprovechar el clima favorable.

En Los Ángeles, el sindicato Unite Here impulsó una serie de huelgas intermitentes, pero sostenidas y planeadas con precisión.

Apuntaban a la mejora de salarios y de las condiciones de salud y a la denuncia de la precariedad estructural del sector turístico. Las acciones eran creativas y vistosas: montaban piquetes diarios frente a hoteles emblemáticos e irrumpían en eventos para visibilizar su situación. Esta lucha también conectó con otras reivindicaciones: el 90% de los trabajadores eran migrantes racializados, y muchas de sus demandas se entrelazaban con el derecho a la vivienda y el control del turismo que expulsa a las comunidades locales. Fue una huelga interseccional, que no solo buscaba mejores sueldos, sino también justicia urbana y racial.

Todos estos movimientos estaban sostenidos por una red de solidaridad que ya se venía tejiendo desde hacía tiempo. Los sindicatos que habían abierto camino en el Nuevo Sindicalismo —como Starbucks Workers United, Amazon Labor Union, el gremio de trabajadores del videojuego, Teamsters o el propio UAW— brindaron respaldo logístico y político. Se sumó también la militancia del Democratic Socialists of America, que creció en número e influencia y consiguió introducir su agenda progresista.

## La mayor campaña sindical en la industria del motor

Con la victoria sobre las *big three*, el sindicato había recuperado músculo, cohesión interna y visibilidad pública. Shawn Fain sabía que debía aprovechar el momento para ir más allá. El siguiente objetivo era ambicioso: lanzar la mayor campaña de sindicalización de la historia de Estados Unidos. La huelga escalonada había sido un triunfo, pero también una solución nacida de la debilidad. UAW venía de décadas de pactos a la baja y estructuras rígidas. Ahora que la organización estaba en marcha, necesitaba un nuevo desafío colectivo. Y Fain lo dejó claro: de poco servía lograr un gran convenio en solo tres empresas si el resto del sector automotriz seguía sin representación sindical. El 29 de noviembre de 2023, en una rueda de prensa, anunció una campaña sin precedentes que buscaba, por un lado, poner en valor el logro histórico que había supuesto la reciente victoria, que trajo consigo un incremento salarial y unas ventajas como no se conocían desde 1950. Por otro lado, pretendía mantener la presión sobre las empresas automovilísticas y articular un discurso potente en torno a la justicia social. En este sentido, sus palabras no dejaban lugar a dudas sobre su ambición: «El dinero está ahí. El momento es ahora. Y la respuesta es sencilla: no tienes por qué vivir al día. No tienes por qué preocuparte por cómo vas a pagar el alquiler o alimentar a tu familia mientras la empresa gana miles de millones. Hay una vida mejor ahí fuera». El objetivo último era organizar a los trabajadores de toda la industria del automóvil. Llegar a Tesla, Toyota, Rivian, Volkswagen, Honda, Nissan, Hyundai, BMW, Mercedes-Benz, Volvo... No se trataba únicamente de una cuestión laboral, sino que era también una apuesta política. Apuntar contra Tesla —y, por tanto, contra Elon Musk— era confrontar directamente con uno de los símbolos de la ultraderecha antisindical.

El enfoque también respondía al nuevo paradigma ideológico de UAW. Inspirado por los principios ecosocialistas, el sindicato priorizó las compañías de vehículos eléctricos e híbridos, mostrando que la transición ecológica puede hacerse con justicia social y derechos laborales. La campaña, todavía en marcha, ha logrado avances importantes: sindicalización efectiva en Volkswagen, Toyota y Mercedes-Benz. En Tesla, aunque sin éxito definitivo, se han formado comités y redes internas. La clave ha sido replicar el modelo del Nuevo Sindicalismo: ya no son delegados profesionales quienes organizan a los trabajadores, sino los propios empleados, como se hizo en Starbucks Workers United. La diferencia es que, esta vez, UAW pone sobre la mesa recursos, presencia mediática y una estrategia de comunicación potente.

## Palestina, universidades y el viraje del eje político

Hasta bien entrado 2024, el Nuevo Sindicalismo lideraba el discurso progresista tanto en la calle como en las instituciones.

La conversación giraba en torno a tres ejes: la fiebre del 25%, la campaña de organización liderada por UAW y las luchas de base de sindicatos como Starbucks Workers United. Sin embargo, todo cambió con la invasión de Gaza. La ofensiva israelí, respaldada política, económica y militarmente por la Administración Biden, desató una oleada de movilizaciones que atravesó el país de este a oeste. Activistas que habían participado en las protestas del Black Lives Matter aseguraban que la situación lo merecía: durante más de cinco meses, cada fin de semana, las calles de las principales ciudades estadounidenses se llenaron de gente que exigía el fin del genocidio. El Nuevo Sindicalismo no tardó en posicionarse. Starbucks Workers United —cuyo objetivo corporativo, Starbucks, era blanco del movimiento Boicot, Desinversiones y Sanciones (BDS)— fue el primero en pronunciarse: en menos de veinticuatro horas cambió su logotipo por uno con la *kufiya* y difundió un comunicado en apoyo a la autodeterminación del pueblo palestino y su legítimo derecho a la resistencia. Le siguieron Amazon Labor Union y las secciones más combativas de UAW. En poco tiempo, se articuló una plataforma unitaria: Unions for Ceasefire, que presentó su postura en las escalinatas del Congreso junto a congresistas que exigían el embargo de armas al Estado de Israel. Fain fue una de las voces más aplaudidas: UAW, con su tradición pacifista, se reafirmaba como una fuerza sindical internacionalista y con principios.

Sin embargo, las protestas en las calles empezaron a diversificarse. Mientras algunos colectivos apostaban por la acción directa —bloqueos, sabotajes, interrupción de infraestructuras—, fueron los estudiantes universitarios quienes marcaron un punto de inflexión. Sabían que las universidades estadounidenses, tanto públicas como privadas, mantenían profundos vínculos financieros con el Estado de Israel y sus empresas, y decidieron actuar allí. El 7 de abril, a las cuatro de la madrugada, setenta estudiantes de Columbia —con el respaldo de sindicatos como el de posdoctorado de UAW— acamparon en el campus exigiendo la ruptura de relaciones diplomáticas y comerciales con el Estado de Israel. En pocos días, la protesta se extendió: UCLA, Harvard y más de ciento ochenta campus en todo el país replicaron la acción. Las dos organizaciones sindicales más involucradas fueron UAW, a través de sus secciones universitarias, y Starbucks Workers United, con fuerte presencia en los establecimientos ubicados dentro de los campus. Su apoyo fue logístico, simbólico y político. La escalada de represión no tardó en llegar. En Columbia y Los Ángeles, la policía cargó con dureza: gases, detenciones, disoluciones violentas y, en última instancia, expulsiones. Esta represión consolidó al Nuevo Sindicalismo como la pata laboral de una izquierda que ya abarcaba lo laboral, lo antirracista, lo LGBTIQ+, lo ecosocialista y, ahora también, la causa palestina. Mientras Trump avanzaba hacia una nueva candidatura y Biden intentaba sostener su base, los sindicatos empujaban hacia políticas más escoradas a la izquierda.

Ese clima de acumulación de fuerzas permite entender un episodio que sorprendió incluso fuera de los Estados Unidos: el cierre de filas de la izquierda —incluyendo sindicatos, socialistas y figuras como Sanders u Ocasio-Cortez— cuando Joe Biden se tambaleó tras su desastroso debate televisado frente a Trump, quedando claro que el presidente no estaba en condiciones de encarar una campaña. Se especuló sobre su retirada durante días. Biden, acorralado por el ala centrista del Partido Demócrata, buscó el apoyo de la izquierda. En un intento por resistir, llegó a prometer reformas largamente exigidas: sanidad pública, educación gratuita, refuerzo de derechos laborales. Por eso, Sanders y Ocasio-Cortez siguieron apoyándole, mientras trataban de afianzar esas promesas.

Pero no fue suficiente. Finalmente, Biden tuvo que abandonar la carrera presidencial. Kamala Harris fue proclamada candidata en su lugar, con el respaldo de Obama, pero sin programa ni conexión con las bases. Ignoró al movimiento obrero, a las voces que apoyaban a Palestina, a los sindicatos progresistas. Y perdió. Trump, desatado, ganó las elecciones con un discurso abiertamente antisindical y ultraconservador. La izquierda no pudo frenar su ascenso, pero sí logró algo crucial: mostrar que el Partido Demócrata, tal como está, ya no representa a la nueva generación organizada. El Nuevo Sindicalismo, con su red militante, su agenda inclusiva y su capacidad de movilización, abrió un horizonte nuevo que cristalizó en la política parlamentaria con la victoria de Zohran Mamdani a la alcaldía de Nueva York el 5 de noviembre de 2025: un joven orgullosamente migrante, de clase trabajadora y socialista al que aupó y apoyó desde un principio el Nuevo Sindicalismo.

## El asalto reaccionario y la resistencia organizada: hacia la huelga general de 2028

Donald Trump ganó las elecciones presidenciales de 2024 y juró como 47º presidente de Estados Unidos. Lo hizo con el programa más abiertamente ultraderechista que haya conocido el país: un plan para desmantelar la sociedad civil, debilitar sus instituciones y poner al Estado al servicio de una minoría reaccionaria. Sus objetivos eran claros: el Estado de derecho, los sindicatos, la comunidad LGBTIQ+ y las personas migrantes. Aunque la colaboración terminaría pronto, Trump llegó acompañado por una figura de peso: Elon Musk, convertido en su principal aliado, con poder real e influencia sobre la agenda política. En sus primeras semanas, la nueva Administración lanzó una ofensiva directa contra la Junta Nacional de Relaciones Laborales (NLRB), clave para la organización sindical; contra los derechos del colectivo LGBTIQ+ y contra los migrantes, pilares fundamentales del Nuevo Sindicalismo. La reacción fue inmediata. Organizaciones como Amazon Labor Union, Starbucks Workers United y UAW pasaron a la resistencia activa. Lo urgente era proteger a quienes estaban en mayor riesgo: migrantes y personas trans dentro de la clase trabajadora. Se distribuyeron manuales —en su mayoría en español— para orientar a trabajadores migrantes sobre cómo evitar redadas y deportaciones. En paralelo, Starbucks Workers United inició negociaciones con la empresa para garantizar el acceso a salud y cuidados para sus trabajadoras trans.

Por su parte, Fain reafirmó públicamente el compromiso de UAW con los derechos del colectivo LGBTIQ+. Aunque los ataques iniciales fueron duros, el movimiento sindical logró contener el desmantelamiento total de la NLRB, gracias a los equilibrios pro-labor, aún vigentes desde la era Biden. Con ese terreno mínimo asegurado, la acción no se detuvo. Starbucks continuó sufriendo la sindicalización de establecimientos y UAW se propuso sindicalizar las empresas de Musk. Frente a lo que podría haber sido una derrota histórica, el Nuevo Sindicalismo demostró solidez. En 2019, un golpe así hubiera dejado al movimiento laboral al borde de la extinción. En 2025, en cambio, contaba con fuerzas para contraatacar. Bernie Sanders y Alexandria Ocasio-Cortez se embarcaron en una gira nacional que, en apenas cuatro actos, reunió a más de cien mil personas. El DSA impulsó candidaturas con fuerza a nivel local, estatal y federal, mientras los sindicatos movilizaban en defensa de la NLRB y recuperaban espacios otrora dominados por el sindicalismo complaciente.

La brújula ya apuntaba a 2028. Alexandria Ocasio-Cortez se perfila como la candidata de una izquierda institucional renovada, con el respaldo explícito del movimiento obrero. En paralelo, Shawn Fain, convertido en una de las figuras más relevantes de la década, trabaja para que ese mismo año —antes de las elecciones— se convoque la primera huelga general en la historia de Estados Unidos. La consigna es clara: un UAW fortalecido, con toda la industria automotriz organizada, debe dar un paso histórico. Ambos movimientos, el institucional y el sindical, comparten una misma columna vertebral: frente al presidente más abiertamente reaccionario de la historia reciente, un proyecto para la clase trabajadora donde el eje ecosocialista sea fundacional.

## Una nueva memoria obrera

El Nuevo Sindicalismo nació de los márgenes, del activismo progresista, de las cafeterías y de la juventud migrante precarizada. Fue creciendo en paralelo a los fracasos del bipartidismo y terminó por consolidarse como la principal palanca de transformación política del país desde la irrupción de Bernie Sanders en 2016. No solo cambió la forma de hacer sindicalismo, sino que reescribió el mapa del poder obrero en Estados Unidos. Transformó sindicatos históricamente burocratizados —como el propio UAW— en herramientas de combate. Modificó el clima cultural: las encuestas empezaron a mostrar que los jóvenes eran, por primera vez en décadas, quienes más se identificaban con el socialismo y con la organización sindical. Y lo más importante: demostró que la diversidad no fragmenta, sino que fortalece.

El Nuevo Sindicalismo unió identidades, causas y territorios. También mostró su solidaridad a nivel internacional, acompañando al pueblo palestino, alzando la voz por la autodeterminación, y respaldando a sindicatos de otros países frente al modelo de precarización global impulsado por Musk y sus aliados.

La historia del movimiento obrero en Estados Unidos tiene hitos grabados en su ADN: Haymarket, los Knights of Labor, los IWW, la huelga de Flint. Hoy, a esa memoria se le suman imágenes nuevas: la fundación de Starbucks Workers United con jóvenes saltando frente a una cafetería, la vulnerabilidad de Amazon, la alianza entre trabajadores y clientes de la industria *gamer,* la victoria de UAW en la huelga contra las *big three*. Y con ellas ha comenzado a construir instituciones, proyectos y horizontes que devuelven a la clase trabajadora la posibilidad de imaginar y, lo que es más importante, de luchar por construir otro tipo de país.

**Lengua de Trapo y Círculo de Bellas Artes**
Libros que no son solo libros

Decana de las editoriales independientes, Lengua de Trapo nace en 1995 con la vocación de descubrir nuevas voces españolas y latinoamericanas. En los últimos años se ha especializado en literatura crítica: textos de ficción y no ficción que nos ayuden a interpretar nuestro pasado, entender el presente e imaginar lo que viene.

En 2023 la editorial emprende un proyecto de coedición con el Círculo de Bellas Artes para convertir cada publicación en una herramienta de debate y transformación en busca siempre del mayor impacto social posible.

lenguadetrapo.com
circulodebellasartes.com

Este libro está impreso con tipografía
Untitled Serif tamaño 10,7 pt.
Se terminó de imprimir en los talleres
de Kadmos en marzo de 2026.